軽貨物運送で成功した10人の社長たち

Part3

阿部 観 著

玄文社

装幀　ロクオ企画
組版ＤＴＰ　新灯印刷

はじめに

軽貨物運送業界は、今――

2020年、新型コロナウィルスによる世界規模での危機により、未だ収束がみえない状況で、経済も危機的状況に陥っています。勿論、この状況下で伸びている業態もありますが、ほとんどの企業が売上利益を下げており、我々軽貨物運送業界もその煽りを受けています。

企業への配送業務が若干減少しております。一方で、個人宅への「宅配」事業は顕著に伸び続けており、自粛、在宅勤務、巣篭りといった「生活・仕事」のあり方が変化したことで、大手宅配会社は軒並み売上利益を伸ばしています。日用品、飲食店でのデリバリーなど新たなビジネスも生まれ、「宅配」需要が一気に加速しております。我々も企業向けから個人配送に切り替え、2020年2月から個人宅配の仕事の依頼が後を絶ちません。

アマゾン、ヤマト運輸、佐川急便、日本郵便などの取扱い個数が伸び、コロナ対策による新たなルールができて配送効率も上がり、我々にとって大チャンスがやってきました。置き配、受領印不要になったことにより、今まで不在の家に何度も届けに行っていた時間の無駄がなくなり、燃料費やCO_2も削減され、良いことばかりです。特に1日持ち出し個数のうち、不在宅が2~3割あったのが解消されたため、行ってもお金にならない（受領印をもらわないとお金にならなかった）ということがなくなりました。また、対面して受領印をもらう必要がなくなったことで、飛躍的に時間効率が上がりました。一軒でも多く配達ができることは売り上げ増加につながります。

この先どのような世の中になるかわかりませんが、どのような状況下でも勝ち残れる仕組みを構築していきたいと思っています。

2015年に『軽貨物運送で成功した10人の社長たち』をリリースしてから5年がたち、物流業界は大活況の時代に突入しました。

今回、『軽貨物運送で成功した10人の社長たち パート3』では、取り上げた社長全員が起業して1年（1期目）で年商1億円以上達成しています。10年で年商20億円にした会社もあります。軽貨物運送未経験者（素人）がどのようにして売り上げを伸ばしてきたか、そこには我々独自のビジネスモデルとコンテンツがあります。

グループに加盟することで、先輩たちの成功失敗事例を最初から聞ける訳ですから、新規でひとりで立ち上げるより失敗の可能性は低くなり、また、何かを決断する時に相談できる人がたくさんいるというのは心強いことでもあります。

特に「他社との違い・差別化」「営業支援」「膨大な成功失敗事例」については、他社がまねできないビジネスモデルとコンテンツを、僕自身20年以上かけてひとつずつ作り上げてきました。そこには多くの超一流先輩経営者から学んだこと、グループの実績がたくさんあります。

僕にはビジネスにおいてのメンターが何人かいます。物流業界のメンターはＳＢＳホールディングス株式会社　鎌田正彦社長（軽貨物運送で起業し、現在売り上げ４０００億円、社員1万８０００人）です。１ヵ月に1回はお会いさせていただき、物流業界のことだけではなくビジネスにおける最先端のお話を聞き、学び、様々な支援も受けています。どんなビジネスでも「経験者、成功者、突出した能力を持っている人に聞く」ことが自分自身をワープさせてくれます。超一流の知見を自分なりにアレンジし、それを軽貨物グループの仲間に伝えていくことで皆のスキルもマインドも向上し、他社にはない独自の最強ビジネスモデルが完成していきます。

今後も日本の軽貨物運送事業を我々が牽引していく気持ちで、より勉強し、励み、物流を通じて「人間力」を高め、世のため人のために尽くしたいと思います。

一般社団法人 愛商塾 代表理事　阿部　観

◎目次——軽貨物運送で成功した10人の社長たち　PART3

地道な仕事の積み重ねで信頼を得て
次なる夢を見据え、挑む

北海道
札商物流株式会社
代表取締役
松川尚志

●事業内容

従業員数2名、所属ドライバー数70名、車両台数50台。

全てワンボックスの軽貨物車両です。現在契約しているのは大手宅配会社3社、アマゾンの配送、自動車部品のルート配送をしている会社等。おかげさまで各方面から増車依頼を受けており、現状はドライバーの採用に力を入れています。

40歳で踏み出した新天地

もともと大手外食チェーンで20年間働いていたのですが、若いときから心のどこかに「いつか独立して自分の力で事業を起こしたい」という思いがありました。踏み出す目処のひとつとして考えていたのが40歳というタイミング。前職当時、店長、スーパーバイザー、本社でのマネジメント業務と、キャリアを重ね自信が出てきたところだったので、今ならいけると思いました。

事業を起こすにあたり、それまで携わっていた飲食業界を含め、狙いたい業界を探すところからスタートしました。色々調べていくうちに惹かれたのが、この軽貨物業界です。魅力を感じたのは、今後伸びていくという将来性と、新規参入のしやすさでした。特に他の業種に比べると初期費用が低めに抑えられるという点は大きな魅力でした。これが飲食業になると、厨房なり何なり初期投資だけでかなりの額になってしまいます。そういう意味で、軽貨物は門戸が広く、勝負しにいけるフィールドだと感じました。

本格的に軽貨物運送でいこうという決断のきっかけになったのは、愛商物流の阿部代表との出会いです。登録していた転職サイトを通じて、阿部代表から直接ご連絡をいただきました。調べて、この業界で長きに渡って成功を収めている会社と知り、ちょうど自分も軽貨物に興味を持っていたため、直接お話を聞かせていただこうと思い、迷わず東京まで会いに行きました。この業界はどんなところなのか、そして今飛び込んだらどのくらいチャンスがあるのかを見極めたかったからです。阿部代表に話をうかがって、「この業界で大丈夫」という力強いメッセージを感じ、心を決めました。

この業界に踏み込んでみると、今まで目に入っていなかっただけで、軽貨物運送業という仕事は本当に我々の生活に浸透しているのだということに気づきました。もちろん宅配便などで世話になったことはあっても、やはり自分が始めるまでは物流=長距離輸送というイメージが強かったんです。道を歩いていても目に入るのは大きなトラックばかりでした。

それが、いざ気づいてから街を眺めると黒ナンバーの車が札幌市でもあちこち走っている。これほど軽貨物が物流を支えているというのを改めて実感しました。おかげで今では軽貨物の車を見つけると「何を運んでいるんだろう」「どこの仕事をしているんだろう」と見るようになりました（笑）。こうしている間にも街の隅々にまで行き渡って社会を回している、縁の下の力持ち的存在なのかなと思います。

仲間との業務分担で成長軌道に

独立当初は、採用と営業のバランスを取ることに苦労しました。最初は自分も現場を走りながらドライバーの面接を行っていたので、採用をするのはただでさえ難しかったです。

思ったように人が集まらないこともあれば、思いがけず応募が集中して対応に追われることもありました。さらに、営業して契約をいただき「じゃあ○月からよろしくお願いします」ということになれば、その開始に合ったタイミングで必要な人数を用意しなければならない。仕事はあるけれど人がいない、反対に人は採ったけれど仕事が来ない、といった失敗を何度も経験しました。

この課題は、一緒にやっていく仲間を得て乗り越えました。創業当初は社員が自分だけだったので、あたりまえですが、新規ドライバーの教育をするのもひとり。人数が少ないうちはそれでも回すことができたのですが、ドライバーが10人になったあたりで、このままの仕組みでは限界があると感じるようになりました。

その少し前、以前の職場の店長がちょうど仕事を辞めると聞き、いい機会だと思ったので軽貨物業を勧めて、ドライバーをやってもらっていたんです。自分ひとりでの運営に限界を感じたとき、その人を社員に迎えることにしました。格好いい言い方をすれば、右腕になってもらったということですね。

ふたりになってからは、業務の回り方が格段にスムーズになりました。基本的にはその人が走りながらドライバーの教育もしてくれて、その間に自分は面接と営業をやって、というように分担しました。自分が現場に出る機会は減りましたが、落ち着いて全体の業務を眺めることでむしろドライバーの皆さんとの意思疎通も円滑になりましたし、人材と仕事のバランスを調整する余裕も生まれました。同業の社長さんのなかにはひとりで仕事を回している方もいますが、私は仲間と協力することで一段階前に進めたと思います。人間関係は大きな資源ですね。

誠実な仕事ぶりが信頼への道

創業時からずっと目指しているのは、お客様から信頼して仕事を任せていただける会社になることです。ただ、信頼の醸成には時間がかかりますから、一朝一夕に到達できるものではありません。単純ですが、受けた仕事に穴を開けない、誤配や遅配をしないなど、そういった誠実さを積み重ねた先に見えてくるものだと思います。

お客様との信頼関係ができれば、ひとつの仕事がまた次の仕事につながるという連鎖も生まれます。たとえば、うちは去年佐川急便さんのあるエリアで10コースの配送を持っていたのですが、今年になって「札商さん、ここのコースが2つ空いたけど、やるかい？」と声をかけていただきました。似たようなケースが少しずつ増えて、地道に築いてきた仕事の成果、手応えを感じます。今ある仕事を真面目にやるというのが、遠回りなようで、いちばんうちに合った営業スタイルだと思います。

会社全体で信頼を得ていこうと思うと、やっぱりドライバーと密な意思疎通が取れていることが重要です。ドライバーは現場に出てしまうと会う機会も減ってきますが、何でもないときに「最近どうですか？」と連絡するようなコミュニケーションは欠かしません。何か事情があって急に休みたいとなったときに、きちんと報告・連絡・相談しようと思える間柄でなければいけないと思うので。互いに顔が見える関係を築くということです。逆に急遽、誰かが休んで他のドライバーの手を借りるとしても、日頃から信頼関係があれば快く引き受けてもらえますから。

委託ドライバーの方々あっての会社だと思っているので、安心して働いてもらうためにも、常に気を配っていたいですね。

採用の決め手はコミュニケーション能力

また、ドライバー同士に助け合いの意識ができているのがありがたいですね。困ったときはお互い様で、スケジュールの穴を埋めてくれたり、荷物が集中してしまったエリアがあると近隣のドライバーがヘルプに行ってくれたり。こうした協力によって、仕事に穴を開けない会社という評価につながっています。

採用時にも、そういうコミュニケーションが円滑に取れる人かどうかという点を意識しています。経験の有無は関係なく、人柄重視です。

運送業は、実は接客業だと思うんですよ。お客様に直に接するところですから。佐川急便、ヤマト運輸、アマゾンからの荷物を私たちが預かって運ぶわけですが、お客様から見れば私たちはクライアント側の人間です。そこで無愛想だったり、挨拶がなかったりということがあると、お仕事をいただいている企業様のイメージを損なってしまうことになります。同じ荷物でも、ニコっと笑って「お待たせしました!」と言いながらお客様にお渡しできれば、ぜんぜん印象が違いますよね。

　こういう接遇のことも意識できる人と一緒に働きたいと思っています。もちろん、採用後の人材教育にも注力しています。教育に関しては前の職場の経験が役立っています。飲食で20年間培ったものを、軽貨物運送事業でも活かせているというのは嬉しいことです。

ぶち当たった壁を乗り越えろ

　今まで色々なドライバーを見てきて、長く続けられる人の特徴だと思うのは、壁にぶち当たっても乗り越えられるということ。ドライバーを始めてすぐのころは、荷物を自分ひとりでは配りきれない日々が続き、心が折れそうでした。当時運んでいた荷物は1日80個程度で、今考えるとたいした量ではありませんが、それでも毎日時間ギリギリになってしまって、「自分は向いてないんじゃないかな、やめようかな」と思うこともしばしばでした。それでも半年も経つと、80個どころか200個くらい平気で運べるようになりました。いやぁ、驚きです。日々、試行錯誤を重ね、諦めずにやり続けた結果、スキルが身につき、壁を乗り越えることができたのだと思います。

どの仕事にも共通することですけれども、やっぱり初めてやることは慣れないぶん、難しいです。新しく採用するドライバーのなかにも、最初の壁にぶつかった段階で「これ以上自分にはできません」と言う人が一定数います。私も昔はそうだったよという話をするのですが、結局そのまま辞めてしまう人もいます。逆に、そこで我慢して続けていく人は、その後もずっと続けて働き、どんどんスキルを上げていっている。この仕事の魅力は、自分の力次第で頑張っただけ収入を上げられるところにありますが、それは壁を乗り越えた先の話です。

この仕事は、資格や経験は不問で、免許証とやる気さえあれば誰でも始められます。参入の間口は広いけれど、しかしそれを続けていって成功することは決して簡単ではありません。やはり毎日の努力だったり、壁にぶち当たっても乗り越える強い気持ちだったりというのが大切になってきます。でも、だからこそやりがいが生まれ、挑戦する魅力もある。

努力した先には必ずそれ相応のリターンがある業界だということです。それは高い収入かもしれないし、もっと別の喜びかもしれない。しかし、お客様の笑顔を見られるように努力するのはドライバーでも経営者でも同じことだと思います。

2本目の柱を見据えて事業を拡大

仕事をするうえで大切にしているのは、ものごとに臨機応変に対応することです。この仕事をしていると、突発的にイレギュラーなことが起きる場面が多々あります。たとえば、いつも自分が走っているコースで配送をしていたときに、午後になって他のコースのドライバーがパンクしたから助けてくれと頼んできたとします。引き受けたはいいけれど時間の配分がいつもと違うし、走るコースも回り方も違う。そういう事態が起こってもあたふたせずに臨機応変に対応できる人が生き残っていけると思います。頭を常に柔らかく、固定観念を持たずに、とるべき行動をとる。即座に判断する。これは前職のときから感じていることですが、おそらくどんな業界や業態でも共通するポイントではないでしょうか。

新型コロナの問題が大きくなる前、昨年末くらいに、軽貨物とは別の業態で、会社の2本目の柱になるようなものをつくろうという構想を練っていました。具体的には飲食系の事業です。もともと独立する際にも飲食業に関わることは選択肢のひとつとして考えていて、いずれやりたいという気持ちを持ち続けていました。まずは軽貨物運送の事業を軌道に乗せて、会社の基盤が固まったらと考えていたことが、3期目で年商2億円を越えてきたことで具体的に見え始めたのです。軽貨物の世界に足を踏み入れてまだ3年目ですが、飲食は20年やってきたという積み重ねがありますし、ぜひそれを活かせるような展開をしていきたいですね。

もちろん、軽貨物の仕事も引き続き規模を広げていくつもりです。ふたつの事業の経験がそれぞれの部分のヒントになり、メリットを生むことを期待しつつ、これからは複数の事業の将来を見据えて柔軟に経営をしていこうと考えています。

企業 DATA

社　名：札商物流株式会社

代表者：松川　尚志

設　立：2017年 9 月 4 日

所在地：〒003-0022
　　　　北海道札幌市白石区南郷通13丁目南2-1
　　　　エンブレム南郷202

連絡先：☎ 011-598-9972

ホームページ：https://www.sassho-logi.co.jp/

億単位の年商も通過点、ホールディングス化で人を活かす

茨城県

株式会社Eternal Drivers
代表取締役社長
大貫智彦

●事業内容

従業員数5名、委託ドライバー50名。

個建配送、ネットスーパー、企業配送等が中心です。

「当たり前」が武器になるという発見

大学を出てから様々な分野で働き、様々な職種を経験してきましたが、軽貨物の仕事に注目したのは、お世話になっている愛商の阿部代表に提案されたのがきっかけです。初期投資が安く済み、社会の需要がどんどん高まっている仕事ということで、非常に有望だと感じました。最初は試しに後輩たちにドライバーをしてもらったのですが、その子たちの評価が高くて、びっくり。なぜ評価が高いのか聞いたところ、挨拶や身だしなみや報・連・相、マナーなど、働く姿勢が良かったとのこと。

そのときは正直言って意味がわかりませんでした。ビジネスマナーとして当たり前のことが評価の対象になるのかと不思議に思ったのです。また、働きはじめる前から自分はずっと剣道をしており、体育会系の人間にとっては礼儀作法は当然のことと受け止めていました。「そんなことで褒められるとはいったいどんな業界なんだろう?」と不安になったほどです。

でも、逆にそのレベルでよければ人材はたくさんいるだろうし、業界に飛び込むにはチャンスだとも感じました。後輩だろうが今までの知り合いだろうが、僕の周りにはそういう人材がいくらでもいましたから。業界から求められている人材を自分で活用できそうだと気づき、勝算があると踏んだんです。

また、動くお金の透明さにも魅力を感じました。1個いくらという金額が明示されていて、個数を運べば給料が自ずと決まる、これが明快だということです。ブラックボックスがないので、金額が決まったらそのなかで利益は何割程度抜こうとか乗せようとか、そういうことがない。そうすると会社としても、売り上げが月50万円のドライバーを育てれば、50万円×人数が年商になるわけです。このシンプルさにも魅力を感じましたね。

始めてみて驚いたのは、ドライバーの平均年齢が予想より高かったことです。今はだいぶ若者も増えてきましたが、職場では50代以上の人がたくさん働いています。ECの普及などもあり物量がどんどん増えるなかで、雇用年齢が高いままでは先細りです。そこを逆手にとって、うちは若い会社として打ち出していこうと思いました。そうすることで業界全体を活気づける存在になる、それを目指そうと思ったのです。

ドライバーの一般募集は一切なし

うちの特徴は、人材の一般募集をしないことです。これはかなり珍しいかもしれません。全員紹介という形で採用しています。しかも紹介だからといって誰でも入れるわけではなく、面接通過率はわずか6％です。面接自体ももちろん大切ですが、どちらかというと前後の対応を見て決めますね。挨拶ができるか、時間が守れるか、レスポンスの速さはどうか、などです。たとえば面接に際して、「これやっておいてください」と約束したことがあるとして、あまりにもレスポンスが遅いとか、取りかかるまでに時間がかかるという人に関してはお断りしています。やっぱり最低でもその日のうちに連絡はほしいですし、配送をしている関係上、お客様から配達時間や再配達の指定といった連絡を受けることもあるので、常識的に対応できる人であってほしいです。

会社には人事も1人いますが、基本的に最終面接は私がやっています。平均すると毎月40人くらい面接していますが、その中の6%なので、1人か2人を採用している計算になります。

ドライバーの要望も色々あり、たとえばいつ休みが取りたいとか、週に2、3日だけ働きたいという人は、基本的にうちでは採用していません。休みとか関係なく一生懸命やらせてくださいという人だけを選んでいるので、結局2人くらいの採用になってしまいます。

月に100万稼ぐ可能性も

ドライバーの都合を顧みないというのは決して意地悪ではなく、荷主様の都合を優先したいからです。今、僕は「荷主様のご要望に応えられる会社」をつくっている最中なので、そこに自分の希望をまず言ってくるドライバーばかり入れては顧客対応が難しくなります。

特にうちはまだ2期目で、荷主様との信頼関係という貯金も少ないので、そこに妥協はできませんね。

6%の採用率でも今のところ人材に困ってはいません。広く募集をかければ人は集まりますが、かけなくても集めることが可能だからです。それに、一人ひとりの持ってくる売り上げもかなり大きいです。

ドライバーに関して言えば、たとえば未経験でも他社の1・5倍から2倍の物量をさばけるようになります。売り上げ的にも若い子で90万円台とか100万円に届きそうな人がごろごろいます。言い方が悪いかもしれませんが、仕事ができない人やレスポンスが悪い人をたくさん入れて手間と時間をかけるくらいなら、一生懸命向上心を持って稼ぎたいという人を少数採用して教育したほうが効率的です。ひとりで2人分3人分の仕事をしてくれる人員が多くいるので、ドライバーの人数を増やせなくて大変だという感覚はありません。

毎月の研修と面談で意識向上、健康管理も

毎月1回、ひとりずつ面談をして教育などの研修を行ったり、コミュニケーションの場を確保したりしています。こういう設定も、やみくもに人数だけ増やしても難しいのではと思います。今は密の自粛でなかなか集まれませんが、Ｚｏｏｍに切り替えて研修会を開催中です。

最近ではコロナの影響もあり、研修・面談の＋α要素として個々人の健康管理の話題を取り入れています。業界全体を見ても、自身の健康管理を意識しているドライバーはまだ非常に少ない。僕は食改善の事業をやっていた経験もありますので、食生活に対する指導やアドバイスを、毎月の研修や面談で伝えるようにしています。とにかく身体が資本の仕事ですから、健康管理も業務のうちだと考えています。

人材に関して危惧することがあるとすれば、むしろ誰でもかまわずに来た人を登録して採用するのは、会社の価値が下がることだと思います。コンセプトとしても「業界の価値

を上げよう、新しい価値をつくっていこう」を掲げているので、今まで一生懸命やってきた人たちが馬鹿を見るような仕組みにしたくないんですよね。たとえば、「エターナルドライバーズさんて挨拶とか対応がいいよね」と言われていたのが、いい加減な人を入れて「最近、荷物を届けてくれる人たちの様子が変わったよね」なんて言われたら、ずっと真面目に取り組んでいる人たちが馬鹿を見ますから。

カギはデータに基づいたノウハウの蓄積

仕事としては、現在は完全に宅配専門でやっています。佐川急便、ヤマト運輸、アマゾンといったクライアントさんの荷物を届けています。今はここにいちばん需要とお金が集まっていると感じますので。

今後に関しては、地元が茨城ということもあり地方展開を考えているので、宅配以外のものにも手を広げることを視野に入れています。シングルマザーの人や、介護しながら働きたいという人たちの働き方にも対応できるようにしていきます。ただやはり、お客様の信頼ありきというところは変わらないので、いきなり導入するのではなく、徐々に進めていきます。

今はまだ宅配業務を専門的に、間違いなくやることで、その信頼を構築している段階です。車や人の管理という面で不安要素もあるので、そういう要素を改善しながら将来に備えていきます。

最近は市場規模が膨らんでいますが、そこへの焦りも感じません。人を教育して増やしていく過程で、必然的に扱える荷物の量も増えていくと思います。毎日その日の配達状況を数値化したデータで管理しているので、未経験のドライバーがどこを改善すれば効率がよくなるかというのも追えるんです。物量が多くなっても、データに基づいて教育をすれば、ドライバーのスキルが上がってカバーできる範囲が大きくなり、解決できます。1ヵ月も働けば皆さん手取りで40万円、50万円は持って帰れますよ。ノウハウの蓄積もこのデータあればこそ、です。

最近は荷主様から、エリアあたりの人員を増やしてほしいという要望をいただくこともあるのですが、それも数字を基に適切な人数を配置して対応しています。ですから精神論で「一生懸命やれ！」と言っているのではなく、分析を重ね、やるべきことを見定めたうえで個々人の稼ぎたい額をもとにやっていきます。

稼いだお金を意味のあるものにしよう

こういったデータの収集と分析を含め、僕自身のキャリアの経験が広いことが、思いがけず様々な場面で活きています。働く環境が人生設計に影響を与えたり、仕事の目標を日々の業務にどう落とし込むかといったりするところで、今までの経験が人材教育や営業指導の面で役に立っていると思います。

働けばお金は稼げますが、どうお金を使うと暮らしが豊かになるか、なぜ毎日働かなければならないのか、なぜ他人に迷惑をかけずに生きることが大事なのか、それをわかっている人は意外に多くない。そういうことを伝える立場になって、経験値が活かされる場面があり、いろんな仕事をしてきてよかったと感じています。また、案件を増やすにしても人を増やすにしても、今までのつながりで稼働力と成果を得ているので、つくづく仕事は積み重ねが重要だと感じます。

人が無理と思うことをクリアする

運送業なんだから単に物を運べばいいと思っている人が世の中にはいます。しかし、それでは仕事の価値は絶対に上がってきません。これはどの仕事においてもそうですけれど、誠実さと向上心がキモですね。今ある仕事をこなすだけで満足せず、課題を見出して解決しよう、目標を作って達成しようとか、そういう意気込みがある人が、これから伸びていく人だと思います。

僕は、基本的に人が無理と思うことをやりたいんですよ。ですから座右の銘は「為せば成る」です。やってできないことはないと思いますし、人生において無駄はないと思っています。やると決めたことは絶対にやりきり、目にもの見せてやるという心意気。これは仕事以前に、剣道に打ち込んでいた時代からそうですね。「おまえにはできないよ」と言われると、燃えます。クリアするたびに自信がつき、自分の価値が上がっていくわけですから。

軽貨物の会社を起こしたときも、「ドライバーをやったこともない社長がうまくいくはずがない」と散々言われました。売り上げで実績をつくれば他人も認めて何も言わなくなるだろうと思い、色々と調べ、年商1億を最低ラインに置いて創業しました。それが蓋を開けてみると、1年で2億6000万達成することができました。やっぱり、やってやれないことはない！

軽貨物に限らず、今の社会情況では確実なことって何もないと僕は思っています。コロナ騒動や、現在であれば熊本の豪雨被害の凄まじさを見ても感じることです。だから、やりたいと思ったこと、可能性があると感じたことがあれば、まずやったほうがいい。やってダメなら、そのあと考えればいい。やらずに後悔しても何も変化しませんが、やってみたら結果がどうあれ、経験が蓄積されて間違いなく成長した自分に出会える。ダメだった自分さえも経験ですよ、じゃあ次はこうしようというアイデアも浮かぶし、苦労のなかに工夫も生まれる。要するに、人生の選択肢が増えるということですね。

せっかくの人生、選択肢が多いほうが素敵だし、楽しいでしょう？

ホールディングス化でさらに人を活かす

今後の目標は色々ありますが、数字を挙げると3年でドライバー300人、年商10億円というラインをひとつの通過点として目指しています。ドライバーの数だけ増やそうと思えば正直、100%に近い確率で達成できます。ただ、300人入っても150人辞めたら意味がない。

採用して入っていただいた以上、僕もストイックに上を目指します。というのも、一緒に取り組んでくれる人たちといい仕事をして、いいものを作り上げたいから。その気持ちが強いので、ただ数を追うことはしません。

特に今年は教育に力を入れているので、さほど募集をかけていないんです。そのなかで、管理者が増えればドライバーを入れても対応できる流れになりますので、やっぱり質ですね。質の伴った300人と、それによってもたらされる10億円を見据えて動いています。

もうひとつ、ホールディングス化を考えています。配送の仕事だけをやりたくて創業したわけではなく、これから別の事業も少しずつ始める予定です。

まずは資産形成やコスト削減、そして営業内容の深化という点に注力して、事業展開をしていきたいと思います。ビジネスチャンスが広がっていますので、目星をつけている事業もあります。単に年商何億を達成したらハイOKではなく、そのお金を活かして次にどう出るか、見直すべきところはないか、そういうことが非常に重要な段階に来ていると思います。

コスト削減という面で言うと、たとえ1円でも経費が安くなるんだったら、すぐ導入すべきですよね。たとえば保険料もそう、携帯電話も、格安SIMに変えて通信費が安くなるのであれば取り入れたいです。あとは営業に関わる経費でしょうか。問題を解決するために必要なものであれば取り入れていきます。

それこそ選択肢は無限に目の前に広がっています。着手できるものはすぐに着手して、失敗を恐れずに、他人が無理だと思うことでもチャレンジし、新しい価値を創っていきます。

企業 DATA

社　名：株式会社 Eternal Drivers

代表者：大貫　智彦

設　立：2019年 1月 8日

所在地：〒300-0521　茨城県稲敷市月出里621

連絡先：TEL 0120-401-258（総合）

ホームページ：https://etadora.com/
https://etadora.jp/

エアフォルクに関わるすべての人と会社を幸せにしたい

千葉県

株式会社エアフォルク
代表取締役
井上貴夫

●事業内容

従業員14名、自社ドライバー110名（委託ドライバー含む）、組合全体の車両数800台。

おおよその取り扱い比率は、企業配が20％、宅配が80％程度。軽貨物運送事業、その他輸送事業（企業専属便、各種チャーター便、ルート便、商業配送、宅配便、スポット貸し切り便、引越し便、ハンドキャリー便など）、第一種貨物利用運送事業。首都圏軽貨物運送事業協同組合代表理事。

みんな楽しんで働ける仕事

25歳までは佐川急便で働いていて、その後、26歳から28歳まで一般貨物トラックの会社に勤めました。ただ、配送ではなく配車係でした。車の手配です。そこで軽貨物の会社にも仕事をお願いしたりしていたのですが、その関係で知り合った方から「軽貨物運送をやってみないか」と勧められ、色々考えた結果、ひとつ自分でやってみようと決意、会社を辞めました。

独立して、この仕事を始めてみて難しいと思ったのは、人を使うことです。具体的に言うと採用や教育ですね。この仕事は、基本的に社員を雇うわけじゃなくて、個人事業主のドライバーに委託する形がメインになっています。つまり、会社と社員の関係とは違うので、社則で縛ったりいろんなことを強制したりするわけにもいかない。でもお客様から見たら、荷物を配達してくれる人が社員か委託かなんて関係ありませんよね。ですから、なおさらしっかりとした教育が必要になってきます。

荷物を渡す先の個人のお客様はもちろん、仕事を発注していただいているクライアントとの関係にしても、質の高さというのをいつも意識しています。というのも、普通の企業では社員対社員、同僚、部下と上司というような関係性のなかで仕事を進めていきますから、そこでのやり取りには一定のクオリティが保たれると思うんです。だからこそ軽貨物運送の場合もクオリティを落とさず、「企業と業者」という付き合いや位置づけではなく、「企業と企業」という立ち位置でやっていきたいですね。この仕事をやっていく上での永遠の課題だと思いますが、クライアントからきちんとした品質を常に求められるのは当然ですし、それに応えたいと思っています。

この仕事は、新卒で入ってくる人はまずいなくて、皆どこかで働いてから入ってくる中途採用の人が100％です。軽貨物運送を始める理由もそれぞれで、若い人だと収入面がいいからという理由が圧倒的に多いし、30代40代前後の人は、人間関係に煩わされずにひとりでやれる仕事がしたいという人がけっこういます。あとはもう純粋に朝から晩まで車に乗っていても苦にならない人。運転が好きな人とか体を動かすのが好きな人とか、そういった人たちにはこの仕事は向いていると思います。言い換えれば、みんな楽しんで働ける可能性のある仕事だということです。

採用する側から言わせてもらうと、気質的に向いていると思うのは、礼儀や挨拶がきちんとできて、気持ちよく荷物を受け取ってもらうことができる人。お客様と対面したときに気持ちいい印象を与えられる人です。そうは言っても中身はやっぱり人それぞれなので、「どういうふうにしたら感じよく見えるか」はこちらが教育して、しっかり伝えていく必要があります。

一人ひとりに合わせた人材教育が大事

人材教育をしようと思ったときに、ドライバーに気をつけてほしいことや指摘したいことは、誰に対してもだいたい同じ内容になります。でも、同じことを注意するにしろ、人によって受け取り方はそれぞれ。ですからその人の性格に合わせた言い方とか言葉を選んで、一人ひとりにアプローチするようにしています。

結局、ダメなところだけ注意しても「うるせえ」とか「なんだよ」とか思う人もいるわけです。しかし、それだとお互いに気分も悪いし、いい仕事はできない。だからその人の良いところを見つけて、「そこはいいんだけど、ここはもっと気をつけてほしいんだよね」みたいな感じで伝えるようにしています。

褒めてからダメなところを指摘して修正を促す、というアプローチをすると、だいたい聞く耳を持ってくれます。一種の会話術ですが、これを身につけると、言いたいことがなんでも言えるようになる（笑）。

一人ひとりに目と気を配って、その人に合った方法で教育をすることが大事だと思います。そうすれば、みんなちゃんと応えてくれる。これはこの仕事を続けているうちに学びました。

社員の数を増やして管理体制を整える

このところ、依頼される荷物がどんどん増えていっています。それに伴い、ドライバーの数も増やしています。仲間が増えるのは頼もしいのですが、やっぱり人数が増えると個々の人間に都度、対応するのはだんだん難しくなりますね。その解決法として、最近では人材を管理する社員の数を増やすことで対応しています。当たり前のことですが、「人が増えすぎて見きれなくなった」というのは無責任ですし、会社の体質としても良くない。ドライバーも社員も両方増やして、なるべく一人ひとりにちゃんと目が届くような体制作りを心がけています。

働いている人の満足度が会社を向上させる

会社の理念というか、目標として、「エアフォルクに関わるすべての人を笑顔にする会社になる」を掲げています。こういうとなんだかすごく壮大ですけど、要はドライバー、社員、お客様がそれぞれみんな、この仕事を通してちゃんと満足できるようにしたいんですよね。

お客様満足度という言葉は、商売をしていたら当たり前のこと。でも、そこに行き着くためには、働いている人の満足が絶対必要です。まず単純に、働いている人に「働きやすさ」みたいなものを感じてもらえて、みんなに笑顔で仕事をしてもらいたい。

人材教育も、結局そこにつながってきます。どうせ同じ時間仕事をするのであれば、怒られながらやるよりも褒められながらやったほうがいいでしょう。作業効率にはそういうエモーショナルなものが関係してくると思っています。

実はここ最近、会社的に営業関係の仕事はそんなにやっていないんですよ。今ある仕事をしっかりやること。それに注力することにより、評判が良くなり、次につながるというサイクルで仕事をしようと考えています。

たとえば、大きな会社だと、1ヵ所だけではなく多くの営業所を全国に持っていますので、そのつながりで「ここの会社、いいよ」「じゃあ、うちも使おう」という流れができたりするのが理想です。実際、横のつながりで連鎖的にビジネスが広がっていくような手応えを感じています、ありがたいことに。こういうのも全部、ドライバーとか社員が一人ひとり、やることをやってくれているからこそで、そういう意味でも働く人の満足度というのは大切ですね。

「コロナバブル」の到来⁉

新型コロナウィルスによる仕事的なマイナスの影響は、今のところ全く受けていません。うちの会社はどちらかというと宅配の仕事をメインでやっているので、在宅が増えたり、お店に行くのを嫌がる人が増えたりして、逆に荷物が増加しています。それで、その荷物の増加で人が足りないという部分に関しては、コロナの影響で転職を考える人が多くなったことで、逆にまかなえている面があります。

コロナ禍と言うとだいたい世の中はマイナスの方向に行きますけど、どちらかと言うと、うちのような業種に関してはプラスに働いている感触をもっています。依頼される荷物の量だけでなく、軽貨物運送を仕事として考えてくださる方も増えてきています。飲食や観光をはじめ、苦しくなっている業界が多いなかで、配送の仕事に関しては「コロナバブル」という現象が起きている気がしないでもありません。

こんなことを言うと世間的に不謹慎かもしれないのですが、おかげで人も増えたし、会社としては「これを好機として捉えよう」「よし、やってやる！」という意気込みで取り組もうと。もちろん大変な思いをされている企業や人がたくさんいるのは承知しているので、その方たちの頑張りのおかげでこういった状況が生まれていることを肝に銘じ、気合を入れて仕事しようと思います。

クライアントに情報交換型の提案を行う

コロナの悪影響がないからといって、なんでも今まで通りかというと決してそんなことはありません。たとえば荷物の受け取り方ひとつとっても、今は「置き配」がどんどん増えています。置き配における工夫は不可欠になってきています。基本的にはクライアントから仕事をもらっている立場なので、こっちから何かを「こういうふうにしよう」という働きかけはなかなかできないんですけど、「こういった形でやったほうがいいんじゃないですか」と提案することはあります。ただ、提案をしてそれがすぐ実現するかと言えばそれはまた難しいんですが、提案を続けていくことが大事だと思っています。

今実際にしているのは、「あっちのクライアントさんはこういうふうにやっていますよ」とか、「それによってこういう結果が生まれていますよ」という情報交換型の提案ですね。うちもいろいろなクライアントから荷物を預かっているので、情報収集したものを活かす形で提案できればと。他の会社のこととか、外からでは見えにくい面もありますから、情報の橋渡し的な役割を担えればと思います。

こういう荷物や人の増加、配達の変化は、一過性のものでは終わらないと思っています。宅配にしても、普段使わない人が初めてネットスーパーを使ってみたら便利さがわかったとか、他職種から軽貨物業界に来て働いてみたら、やりがいもあるし、しっかり稼ぎになることがわかったとか。コロナでいろんな物事が変わってしまったけれど、プラスに働いている面もあるのではと感じています。

お金も人もきれいな場所に集まる

昔から心がけていることがひとつあって、それが「身の周りをきれいにしておくこと」です。会社もそうですし、現場もそうですけど整理・整頓・清掃には常に気を配っています。きれいな所には人もお金も何もかも集まってくる。逆に、汚くしていると何も集まらない、できることもできないと思っています。会社を起こしてからは特に強く感じますね。

業績の出ている会社、大きな会社に行くと、会議室とかトイレを借りたりしても、どこもきれいなんですよ。でもそれは、業績がいいからきれいにしたわけじゃないですよね。たぶん逆で、きれいにしていたからいい人、いいことがたくさん集まって、業績も良くなったんじゃないかと。

だから、うちの会社も見習って、事務所もトイレもできるだけきれいにしています。業績にかかわらず、きれいにするのは誰でもできますから（笑）。そうすると、いらしたお客様が「この会社、きれいですね」とおっしゃってくださいます。快適な雰囲気で会話がスタートするんですよ。そういうことがビジネスに響いてくるというか、「なんかこの会社、ちゃんとしているな」という印象を与えられると思っています。社内フロアにゴミひとつ落ちていない、そこに仕事への姿勢が表れてくるので。

自分がどこかの会社を訪問するときも同じ気持ちになりますよね。仕事内容は見ていなくても、社内の雰囲気や環境にはきっと仕事の中身が反映されているのだろうと。よく第一印象で中身まで判断されてしまうと言いますが、ならばなおさらいい印象を与えたいです。

こういう考え方は、社員やドライバーの教育のときにも伝えています。人のイメージも第一印象でほぼ決まってしまうから気をつけようと。我々、配達の仕事では特にお客様と会話らしい会話をすることもないですし、インターホンを押して挨拶して荷物を出して、ありがとうございましたくらいしか、接遇はない。つまり第一印象がほとんど全部なわけです。というか、我々に第一印象を覆すような時間はない。だからこそ、身だしなみは大切です。こういう積み重ねが、やがて口コミや次の仕事にもつながると思います。

「どうせやるなら」精神で仕事を魅力的なものに

軽貨物運送の仕事は、免許証1枚あれば誰でもできる仕事です。年齢とか性別とか関係なく、誰でも仕事が取れるような仕組みになっている。それに、流通自体、社会から絶対になくならない業界ですから、仕事を着実にこなせば手に職をつけて安定した生活ができる。そういう意味では働く人にとってかなり魅力的な仕事だと思います。

では、うちの会社がもっと魅力的に発展するにはどうしたらいいか。今後の目標として、基本的に何でもこの会社でできるような仕組みを作りたいと考えています。車で配送を行う仕事がメインですが、車も自分で用意する人と会社から借りる人がいて、車に乗れば保険も入らなければいけないし、修理や車検もある。そういうものをトータルにまるっと会社で完結できればいいと思っています。配送だけでなく、人材へのサポートを全部できれば、働く人が魅力的に感じてくれるだろうと。

ひとつの場所で全部まかなえれば働く人も楽です。より働きやすい環境をつくって、どんどん人を活かしたいですね。それがひいてはお客様にとってもメリットになり、魅力あるサービスを提供することにつながりますから。

これは個人的な考え方ですが、「どうせやるんだったら」という言葉をよく使います。「どうせ仕事をするんだったら、○○」「どうせやらないといけないんだから、○○」という文脈です。

人間は、社会で生きているかぎり誰でも時間やお金を使って生きています。時間やお金は一人ひとりの資源ですから、これを使って生きていくのはある意味、投資に当たります。仕事でも遊びでもなんでもそう。だから、どうせ投資するのなら、どんなふうに自分の人生を素敵なものにするのか、人生にどんな結果を求めたいのか、そこのところをもっと考えて仕事に取り組んでほしいんですよ。無駄な時間とか無駄なお金にならないように生きてほしい。ちょっとおおげさに聞こえるかもしれませんが、この仕事に就くことで良い人生を送ってほしいんですよね。

自分の人生を含め、会社の今後、社内管理、人材活用についてもいつもこのことを考えています。どうせ仕事をするのであれば、「よりお客様のためになることは何か」、「より品質を高めるにはどうしたらいいか」と、常に頭に置いて動く。そうすれば魅力的な会社になるに違いないと思っています。

企業 DATA

社　名：株式会社エアフォルク

代表者：井上　貴夫

設　立：2007年 8 月23日

資本金：1000万円

所在地：〒270-2214　千葉県松戸市松飛台398-2（本社）

〒125-0051
東京都葛飾区新宿3-8-3 中越運輸(株)内 2 F
（東京営業所）

〒305-0003
茨城県つくば市桜1-12-2
テクノパーク桜 E 号室（茨城営業所）

連絡先：TEL 047-710-4805　FAX 047-710-4806

加　盟：首都圏軽貨物運送事業協同組合加入、松戸法人会会員、一般社団法人　永田町交流会会員

ホームページ：https://erfolg-ltd.co.jp/

月商1億達成と多業種展開で夢へのステップになれる会社へ

千葉県

株式会社K－WING
代表取締役社長
高木悠太

●事業内容

委託ドライバー150名。

個人宅への宅配や企業間の配送業務を中心に、千葉全域で軽自動車による配送業務を行っています。

寝る間を惜しんで配送し、半年で200万円を貯金

僕は高校卒業後、ずっと飲食の仕事をしていました。いつかは自分の店を持ちたい。それが夢で、そのためにお金を貯めようと決意したんです。自分の店を持つということは経営者ですから、社会経験も必要だろうと思い、勉強のつもりでいろいろな仕事をして働きました。そのなかのひとつが軽貨物運送でした。㈱エアフォルクの井上社長と出会い、「稼げる」という言葉につられて仕事を始めたのです。

「稼げる」は嘘じゃなかったですね。半年で200万円貯金できました。当時はお金を貯

めるために親元に戻っていたので、生活にかかるお金が少なかったということもあります。お金を貯めるには、無駄なお金を一切使わないのがいちばんですから。

とはいえ、貯めるためにはまず稼がなければなりません。エアフォルクの委託ドライバーに登録した僕は、スタッフの方に「とにかく稼ぎたいんです」と訴えました。そんな僕の要望に応えてくださり、朝から夕方は1本の主軸の仕事をして、それが終わったら、夜はコンビニの雑誌の入れ替えなど別の主軸の仕事をして、寝る間も惜しんで働きました。

肉体的なことはもちろん、いろんな面で大変な業界だと聞いてはいました。それまで見聞きしていたことから、仕事を始めた時点で覚悟も気合もありました。だからなのか、実際に働いてみると、思っていたほどの苦労はなかった。自分のなかで大変さの基準値が下がっていたのだと思います。とにかく誰にも負けないつもりで働いていました。

お店を出す。その夢のために頑張る。当初は確かにそうでした。でも、いただける金額の多さ、その気持ちよさから、だんだん軽貨物運送にはまってしまい……。結局、エアフォルクに5年間お世話になり、最後の1年間は社員として経営の方法なども学ばせていただきました。その後「独立させてください」とお願いしたところOKが出て、そこから現在のK－WINGとして羽ばたくことになりました。

じっくり育ててもらい、3度目の直訴で独立を実現

いい形で独立させていただいたことに本当に感謝しています。実は一度辞めようと考えたことがあるんです。知人がやはり軽貨物運送の会社を始めることになり、「一緒にやらないか」と誘われて。それを会社に申し出たところ、当時の支店長に「今辞めるのはもったいない」と引き止められました。そのうえ、井上社長に相談してくださり、「経営のことを学んでから独立したらいい」ということで、管理という部署につかせてくださった。管理を3年勤め、そのうち最後の1年を社員として学ばせていただきました。

そのベースがあったので、僕自身の会社でも同じように一人ひとりに合った対応、要望に対するリアクションができるように心がけています。もちろん、スタッフの独立も応援しています。

とはいえ、僕も一発で独立を許してもらったわけではありません。会社の内側に入って

いくと、自分で色々思うところも出てきます。自分自身のやり方で、自分の力を試してみたい。そういう気持ちが湧き上がってきます。それで何度か井上社長に「独立させてください」と直談判をしたのですが、2回は「まだ早い」と引き止められました。そして3度目の正直でようやく「いいだろう」とゴーサインが出ました。

心から尊敬する経営者に認められた瞬間はうれしかったですね。井上社長は経営に関してはとてもシビアで先見の明をもち、ブレがない。目標に向かって前進し叶えていく。同時にスタッフ一人ひとりのことを心から考えてくれる。その人柄からたくさんの方たちが井上社長を慕って集まっていて、そのおかげでこの業界では雲の上の存在である愛商の阿部代表の話や考えも聞かせていただきました。

井上社長は、経営者としての僕の親とも言える存在です。井上社長には「エアフォルクさんを超えることが目標です。それが僕にとっての最大の親孝行です」と豪語しています。

支払いのプレッシャーに泣きながらパソコンに向かう

実際に自分で会社を始めてみると、わかっていなかったこと、自分事としてしか見えていなかったことがたくさんあると感じました。会社のことは、たとえスタッフやドライバーがしたことであっても、結果はすべて僕の責任です。特に金銭面で、今までは会社に守られていたんだなと気づきました。

もちろん頭ではわかっていましたが、会社を起こしたら実感として身にしみます。今まではは自分がスタッフの立場で、会社のお金の使い方を提案したりお願いしたりしていた。今ではそれを言われる側です。お金の使い方もすべて自分で決裁しなければいけません。当初はプレッシャーもありましたね。

今では笑い話ですが、給与振込の前になると泣きながらパソコンのキーボードをポチポチ叩いていたことも。そんなとき、ずっと側についていてくれた専務をはじめ、スタッフに恵まれ、みんなに支えられてここまでこられたことを感謝しています。

委託事業なので、けっこうな金額が入ってきたとしても、すごい金額が出ていくんですよ。ドライバーさんの環境を良くすること、気持ち良く働いてもらうことを突き詰めていくと、ギリギリのせめぎあいのなかで、資金繰りやその他の条件、仕事の仕方などを考えていかなければならない。最初の1年は会社としてのやり方が定まりきっていなかったこともあり、なかなか大変でした。

働いてくれる人たちの立場と会社の立場、両方にとって何がベストなのか。そういうことばかり考えていたような気がします。

スタッフにもドライバーさんにも、いろんな人がいます。状況や目的、考え方はそれぞれ違っても「ここで働いてよかった」という一点は共有してもらいたい。そのためにはどうすべきか模索していたし、それは今もずっと思い続けていることです。

夢や目標をもつスタッフが集う相乗効果

事業展開としては他に3業種手がけています。人材紹介事業と古物の買取業。さらにもうひとつ別の会社を立てて車両関係の仕事をしています。おかげさまで、幅広い分野の方々と色々なお話をする機会を得て、毎日勉強させていただいています。

バラバラな業種を複数展開しているのは、弊社の理念が「ここを踏み台にして、ひとりでも多くの人に自分の夢を叶えてもらうこと」だからです。

たとえば求職者と企業をマッチングする人材紹介事業は、もともとあるドライバーさんが会社員の時代にしていたこと。彼は会社のやり方に矛盾を感じていたものの、意見が通ることもなく、退職して弊社の委託ドライバーになりました。そういう話を聞いて、人材紹介に対する彼の熱意を感じました。「それなら思うようにやってみなよ」と勧めて、弊社の新規事業として任せることにしたのです。

それでうまくいったら独立すればいい。ドライバーをしてお金を貯めて、そのお金で好きなことをするのもいい。そういう人はそれでいいと思います。

いきなりひとりで独立してイチから自分の会社を立ち上げるよりも、バックアップしてもらえる環境のなかで経営を学び、時期を見て羽ばたけるメリットは大きいでしょう。それは、自分がそうやって育ててもらったことへの僕なりの恩返しなんです。

僕自身、飲食業をやりたいという夢は継続しています。機会を見て会社として事業展開できたらいいと。そういう夢や目標に向かうバイタリティが生きている実感を与えてくれますから。

同じように、自分のやりたいことに向かって頑張る人たちが集まる場になるということは、弊社にとってもメリットです。何かのために一生懸命になれる人は、どんなことでも今やるべきことに真剣になれる。スタッフやドライバーとしても信頼できます。実際、「これをやりたい！」「業種は決めていないけれど社長になります！」そんなふうに熱い想いをもつ若い人たちがたくさんいるので、互いにいい刺激を受けられる環境ができています。

同時に、多業種展開をするということは、会社を、ひいては働いてくれる人たちを守ることにもつながります。たとえばコロナ禍にしても、たまたま軽貨物事業に影響が出ない、むしろ活況となる出来事だったわけですが、僕の夢である飲食業界はとてつもないダメージを受けています。同じように今後、流通業に打撃を与える大事件が起きることだってあり得ます。

多業種展開はリスクヘッジでもあるんです。会社を経営するということは、自分だけのことでは済みません。僕を信じてついてきてくれる人たちがいる。そういう人たちを会社の都合で困らせるわけにはいきません。

適材適所に人を配置するのが社長の役目

バラバラな業種の事業を複数手がけていると、勉強も必要ですし、忙しいのは事実。そこをうまく回していくポイントは、それぞれの柱に任せられる人材を配置することだと思います。弊社の場合、軽貨物運送に関しては、すでに僕がいなくてもしっかり回せるスタッフがいます。「社長は余計な口出しをしないでください」なんて言われるくらい（笑）。頼もしいですよね。それくらい、しっかりしているスタッフ、信頼できるスタッフがいるのは本当にありがたいことです。

そこで僕は今、古物買取業を軌道に乗せるという役割を果たすために邁進しています。僕自身のスキルアップのためでもありますし、社長として成功させないわけにはいきません。ワクワクしながら学んでいます。

要所要所に的確な人材を配置して、必要な報告や連絡を受け、それぞれに対応していく。そうやってみんなの力をよりよい形で活用していくことが、僕の考える社長としての役割なのです。

今、僕は32歳。弊社の役職者のなかでも年少者です。それでもみんなが僕を立てて引き上げてくれる。たとえば、すごい経験とスキルをもちながら、年少の僕を支えてくれる専務がいます。もともとは委託ドライバーの求人に応募してくれたスタッフですが、この出会いも大きかったですね。誰に何を任せるか。「夢を叶えたい」「独立したい」という気持ちはどれくらい本物か。そういうことを僕と一緒に見極めてくれる存在です。人を見る。経営にとって大きな要所を任せられる信頼できる人間がいることは本当に幸せなことです。

スタッフのモチベーションを上げるには

今、宅配をはじめ軽貨物運送の荷物は増え続けています。現場は大変ですが、会社として当然対応していくことであり、喜ばしいことです。対応の方法としては、求人をかけてドライバーさんの数を増やすこと。教育システムを充実させて、優秀なドライバーさんを育てていくこと。そして、ドライバーさんのメンタルケアをしっかりすることが必要だと考えています。

普段100個の荷物を運んでいたドライバーさんが、120個の荷物を運ぶことになる。肉体的にはきつくなるし、プレッシャーもあるでしょう。そこで「すごいね。頑張ってるね！」とモチベーションが上がるような声かけをするとか、配慮しないと。

「荷物が多くて大変です」というようなことを言いやすい環境をつくることが大事です。そういう声があれば、「効率的に回るために、こんなふうにしてみたら」「こういう方法でうまくいっている人がいるよ」などとアドバイスする。もちろん、物理的に無理があるなら担当の荷物を減らすなどの対応も必要です。

そして、ときには一緒にお酒を飲む。社長や上司としてではなく、一緒に働く仲間として仕事の話や他愛のない話ができること。具体的な方法は様々ですが、「モチベーションを上げて、仕事を楽しんでもらうためのフォローをする」ことを、常に心がけています。

負けず嫌いの人、あきらめない人に向く仕事

ありがたいことに今は業界全体として、人を集めたいと思えば集められる状況です。初めて軽貨物運送業に飛び込む人たちに対しては、まず3日間の同乗研修をします。弊社独自のマニュアルに基づいて、必要なことを順次、教えていきます。

求人に応募してくるのは配送業界未経者がほとんどですし、こちらも未経験の人を積極的に採用しているということもあります。人によっては3日間では足りない場合もあるので、一人ひとりのペースに合わせて、ひとりで回るために必要なスキルを身につけてもらいます。

たとえば、年配者は、運転や接遇には問題がなくても、端末の扱いに苦労するというケースもあります。そのようなときは、まずは同乗の指導係が運転や配達は担当して、とにかく端末の扱いを集中して覚えてもらいます。人によっては苦手意識で焦ってしまい、うまくいかないこともあるので、その人にとって何が問題なのかを見極めて指導することも

必要です。弊社はベテランドライバー、ベテランの指導員が多いのが自慢ですから、未経験者でも心配なく仕事を始めていただけます。

どんな人にもチャンスのある仕事ですが、あえて向く資質をあげるとすれば「負けず嫌いの人」「あきらめない人」。やればやっただけ稼げるので、成果が見えることで頑張れる人にとっては特にやりがいが大きいはずです。お金は、いちばんわかりやすい成果ですから。

月商1億を達成し、一部上場を目指す

会社の目標としては、ホールディングにして一部上場を目指しています。そのためのロードマップとして、今年はドライバー200人、月商1億を達成する予定です。一つひとつの目標をクリアするためにどうするか。それを常に意識して動いています。スタッフも一丸となって頑張ってくれています。各事業所の責任者が、それぞれの目標を「大丈夫です。いけます」と言ってくれるので、楽観はしませんが、心配もしていません。

仕事を毎日精一杯頑張るなかで、私生活の話をすると、4歳と1歳の娘たちが起きている時間に家に帰れることもなによりの喜びです。満面の笑みで迎えてくれる娘と、いつも支えてくれる妻の笑顔がなによりの癒しですし、心からの幸せを感じます。

ちょっと恥ずかしいですが、僕個人の目標としては、娘に「パパと結婚する」と言われる父親でいることかな。長女はそう言ってくれますが、「いつまでパパ大好き」でいてくれるのかな、思春期になっても続くといいなと思ったりします（笑）。

会社はもちろん、家族のためにも健康でいなければいけませんよね。今のところ心身ともに問題なく、特別な気遣いもしていないのですが、最近、自転車通勤を考えています。体型維持にも役立つかなと思いまして。それと気持ちを穏やかに、前向きに生きること。それが心身の健康を支えてくれるのではないかと思います。

僕は、「俺が俺がの我（が）を捨てて、おかげおかげの下（げ）で生きよ」という言葉が好きです。誰もひとりでは生きられません。生きることができたとしても、心を許せる人、ともに同じ目標をめざす仲間がいなければ虚しいはずです。

互いに大切に思える存在があり、その人たちの笑顔が自分の喜びになる。その人たちを守るためなら力が湧いてくる。そういう毎日を送れることに感謝しながら、会社の、自分の目的を一歩一歩実現させていきます。

企業 DATA

社　名：株式会社 K-WING

代表者：髙木　悠太

設　立：2018年 4 月

所在地：〒270-2261
千葉県松戸市常盤平5-11-10　本田ビル 4 F

連絡先：TEL 047-701-7738

ホームページ：https://k-wing-driver.com/

会社の財産は人材。人が輝くために環境を整えるのが最良の投資

千葉県

株式会社Ｓｈａｋｅ ｈｅａｒｔ
代表
伊藤拓真

●事業内容

社員数20名。ドライバー160名（委託ドライバー含む）。自社所有車両90台。
ベストサービスを目指すアウトソーシング物流会社として、運送業＝サービス業としての意識をもってお客様の要望に応えています。

流通の将来性を感じて「これは面白い！」

ウェブの集客コンサルタントをしていた私には、物流の将来性がはっきり見えました。ネット通販に関してのコンサルティングだったので、その分野での売り上げ分析はお手のもの。コロナ禍は予測できなくても、ネット通販の売り上げがどんどん増えることは容易に予測できました。ということは、商品の配送業務が急激に増えるということです。「これは面白い！」とワクワクしましたね。

私は17歳から飲食業界でアルバイトをはじめ、修業としてバーテンダー、調理師、サービスマンと、さまざまな外食産業の現場で学ばせていただきました。今の私があるのは、そのころの個性あふれる上司の教えがあるからです。

そして30歳で西麻布という立地に、私自ら現場に立つオーセンティックバーを開業。初めての独立。一国一城の主となりました。店舗の経営マネジメントを経て、ウェブのマーケティングを学ぶことができる環境をお客様から紹介いただき、マーケティングやSEO、広告出稿などについて猛勉強し、ウェブに関する知識を得ることができました。その他にもさまざまな事業のお手伝いを経験し、忙しかったけれど、どの仕事も楽しくて楽しくて……。

そのうえ、新たに「物流」という仕事をすることになったので大変です。でもこれだけ将来性のある仕事をしない手はない。お店のお客様から㈱Magical Landの岩本社長を紹介いただき、お話を聞きました。そこでなおさら「やるしかない!」と気持ちが固まったのです。

リスクが思い当たらない物流業1本の生活に

昼はウェブや飲食店のコンサルティング業、夜の8時から朝の3時くらいまでバーテンダー。コンサル業の合間を縫ってドライバーの面接や軽貨物業の営業、配車などをこなしていました。1日の睡眠時間は2時間ほど。とにかく大変でした。でも自分がしたくて決めたことなので踏ん張れたのでしょう。1年たって、やはり軽貨物の仕事は間違いないと思い、他の仕事をすっぱり辞めてこの仕事1本に絞ったのです。

数々の仕事の中から軽貨物運送を選んだのには、いくつか理由があります。まず、業界に興味をもつきっかけとなった将来性。その数年前に結婚したことも理由のひとつです。何があっても家族を養っていかなければいけない。そう考えたとき、トレンドや景気に左右されにくい仕事を見定めたいと思いました。

私は飲食店のオーナーの立場で東日本大震災を経験しています。震災の後、お客様がゼロという日がどれだけあったことか。今回のコロナでも、多くの業界が大打撃を受けています。そんななかでもインフラを支える職種は悪い影響が少ない。

私のバーのお客様は、場所柄か、ほとんどが経営者の方々でした。経団連に名を連ねている人も少なくなかったんです。そういう方たちに相談したときも「物流は面白いと思うよ」と言ってくれました。

危険因子がほとんど見当たらないのですから、迷うことはありません。唯一心配なのは自分がこの業界を未経験なことですが、それは同じ千葉で活躍されている㈱エアフォルクの井上社長をはじめ、縁あってお世話になったグループ会社とのつながりでなんとかなると考えました。実際にグループ会社や業界の先輩たち、登録してくれるドライバーたちのおかげで順調に仕事を続けています。

自分で判断できるスタッフを育て、任せる

軽貨物運送の仕事を始めたとき、私は36歳でした。業界には若くして成功している社長が多く、驚きました。覚えなければならないことも多かったけれど、毎日が新鮮で、もの

すごく充実していましたね。

　どんな仕事でも、黙って待っているかぎり向こうから仕事は来ません。最初はグループ会社から仕事を回していただき、それを完璧にこなす。すると次の仕事が来る。ときにはかなりの無茶ぶりもありました（笑）。でも無茶ぶりをされるということは「こいつならやってくれるはず」という信頼を得た証だとも言える。だからきついオーダーにこそ、なにがなんでもしっかり応えようと思いました。配送品質で信頼を勝ち取ることを最重要視し、業務を遂行してきました。

　そうやって夢中でノルマをこなしながら、同時に現場の安定を保つ方法も考えました。そんななかでエアフォルクの井上社長を通して愛商の阿部代表とも出会うことができ、皆さんとのつながりから、お客様や届け先に喜ばれるような、スタッフやドライバーが互いに有益性を確保できる仕組みを築いていきました。

　私は最初から自分では運転はしないと決めていました。配達の仕方やドライバーのケアのために同乗することはありますが、自分は自分の役割を果たす。それは運転ではなくて、スタッフやドライバーの面接やケア、みんながやりがいをもって気持ち良く働ける環境づくり、営業で仕事を広げたり、周囲とのつながりを築いたりすることだと考えているからです。スタッフにも、それぞれが自らの役割を自覚し、責任をもってそれを果たしてもらいたいと思います。

これからも宅配をはじめとした荷物はまだまだ増えていくでしょう。正直、現場は大変だと思います。どんな仕事でも突発的な案件は処理するのが大変です。すでにやるべきことやルーティンが決まっているところに、いきなりポンと入ってくる。この業界では、そういうことが少なくない。いつどこで何が起きるかわかりません。ですからなおさら臨機応変に対応することが求められます。

それを可能にするために、いちいち指示をしなくてもプライオリティやベストな解決法を自分で考えて対応できるスタッフを育てること。育てたスタッフを信頼して仕事を任せることが大切だと思っています。また、スタッフは会社の何よりの財産であり力です。最も必要なコストであることを意識し、各現場や役割ごとに十分な人員を配置するようにしています。社員数や会社の規模から言えば驚かれるくらい人件費をかけているという自負はあります。

真の企業となるためにコンサルを導入

遅くまで明かりがついているから、あの会社は頑張っているな。頼んだ仕事をしっかりやってくれそうだな。クライアントはそんなふうに考えるでしょうか。私はそうは思いません。質の高いドライバーがきちんと結果を出す。お客様はそこで判断しています。どんなに頑張ったとしても、約束の時間までに荷物が届かなければ信頼は得られません。

内勤のスタッフは、できるだけ残業をしないで仕事を終わらせてほしい。やるべきことをしっかりやって、18時を過ぎたら早く帰ってほしい。みんなそれぞれ家庭や、私生活があります。仕事と同じように、それも充実させてほしいんです。

そのために生産性を上げる工夫もしています。たとえば弊社では、社員教育のために外部のコンサルティング会社と契約しています。経営者やマネージャーを対象とした独自の組織マネジメント論「識学」を用いた個人コンサルティングです。

私は会社をつくったときから、社員を雇用することになったら「識学」を導入したいと考えていました。けれど3ヵ月コースなら200万円など、高額なので実現までには時間がかかりました。近年会社の売り上げがやっとその規模までできたと判断し、まずは私自身がコンサルティングを受けました。期待以上に多くの学びや気づきを得て、コストは十分回収できると実感。社員にも順次勉強してもらっています。

そういったことが本当に必要なのか。考え方は人それぞれだと思います。私は会社に確固たるルールをつくり、運営したいと考えています。朝、出社したときから夜、退社するまで、やるべきことと効率、方法を明確にすること。そしてクリアな人事評価制度を整備すること。それらは私が起こした小さな会社を「企業」にするために必要なことなのです。「社長だからできる」「あのマネージャーに頼めばできる」では本当の意味の企業ではありません。業務の多様性も望めません。揺るぎないルールが決まれば目標が明確になり、目的もはっきりします。それを共有することで、みんなが同じ方向を見て、それぞれが目的に向かう努力をする。そういう企業にしたいと思うから、そのための仕組みづくりにコストをかけています。

識学は今や我が社のバイブルのようなものですね。その考え方を学んでからは、難問が降ってわいても落ち着いて対処できるようになりました。一つひとつの事案は違っても、「識学的な考え方ならどうするべきか」で答えが出るからです。それを社員にも共有してもらうことで、会社としてのブレがなくなります。

経営者には経営者の視点が、管理職には管理職の考えが、社員には社員の見方がある。それは当然のことですが、それぞれの立場を互いに理解できるようになれば、社内全体のコミュニケーションが格段に良くなります。

また、弊社の社員が転職や独立する際にも「しっかり社会人教育を受けた、マネジメントスキルのある人材」として送り出したいと願っています。

環境整備や人材育成がいちばんの投資

現在の私の生活は、朝9時に出社。週のはじめなら週報を確認し、日々の売り上げを管理します。役職者とミーティングをして、部下や現場の情報を吸い上げ、必要な指示を出します。その間に面接をしたり、お客様やグループ会社の方々と会ったりすることもあります。

特別なことがなければ18時過ぎに退社しますが、現場が終わるのはだいたい21時、22時なので、スタッフと話すべきことがあるときなどは、もちろん残って話をします。

私自身は夜、家で家族と過ごしたり、好きな映画やドラマを観たりしてリラックスしていますね。また、飲食業時代の友人たちのお店で一杯やりながら話をするのも楽しいひとときです。

会社としては、体を動かすことが好きなスタッフやドライバーが多いので、福利厚生の一環としてボクシングジムを法人契約し、みんなが使える制度を設けています。

人件費、人材教育費、福利厚生費などで、会社に残るお金はあまりないです（笑）。でもそれでいい。お金ではなく人材が宝。資金力より人の力が欲しい。お金は使ってしまえばなくなりますが、いい人材が生き生きと働いてくれれば、お金はいくらでも生み出すことができますから。会社経営というのは、今だけ見ていては続きません。先のことを考えるなら、環境整備や人材育成がいちばんの投資でしょう。

失敗の理由だけでなく成功の理由も考える

この仕事は誰にでも成功の可能性があります。自営業のように、契約ドライバーとして目標の売り上げを効率よく達成するために頑張ることもできますし、起業するにもイニシャルコストがそれほどかかりません。そして将来的な需要が見込めます。

ただし、ドライバーとしても経営者としても、成功しやすいための条件はあります。ブレない人。そして素直な人。いいことは素直に真似て、ダメなことはしっかり考えて改める。ブレないということと一見矛盾するように思われるかもしれませんが、それは違います。自分の目指すもの、芯がブレないからこそ、素直に人の話も聞けるし、いけないところを改めようとするのです。

そして1%でも可能性があれば、あきらめない。やるべきことを、とことん集中してやりとげる。どんな状況でもそれが重要です。

スタッフにもよく言って聞かせるのですが、失敗の理由だけでなく、成功の理由も考えることが大切です。失敗したときに「なぜだろう」と考える人は多くても、「成功できたのはなぜだろう」と考える人は少ないのではないでしょうか。できてしまっているから考える必要性を感じないのかもしれません。

「失敗から学べ」という言葉もありますが、同時にせっかく自分で成功したのだから、そこからも学んで次に生かさなければもったいないですよね。成功したら終わりではなく、次のもっと難しい局面に向けて精度を上げていかなければ。

また、人の評価に一喜一憂する必要はありませんが、評価を真摯に受け止めることも大切だと思います。スタッフは上司や社長に評価されます。社長は市場に評価されています。今現在、弊社は成長を続けているので、私は市場から良い評価を受けているということになります。それは一緒に働く仲間たちや、グループの皆さん、お客様から良い評価をいただいていると同時に、その方たちのおかげでもあるということです。

お客様の心を震わせるサービスを提供したい

弊社の理念は社名そのまま「シェイクハート」。関わってくださる方々の心を震わせたいと思っています。私自身、日々、心を震わされているんですよ。社長が自分の会社を褒めるのはおかしいかもしれませんが、とにかく人間関係がいい。スタッフもドライバーも、みんなで会社を大きくしよう、盛り上げようと頑張ってくれる人たちばかりで、それが本当にうれしいですし、心から感謝しています。

今後の夢も膨らみます。

一般貨物の資格が認可されたので、倉庫を構え、車両整備工場をつくりたいですね。物流に関してすべてをパッケージ化できる総合物流企業を目指します。そうなれば、もっと幅広くお客様の要望に応えられますし、支えてくれる関係各者、そして社会にも貢献できるはずです。

アメリカ合衆国建国の父のひとりとされるベンジャミン・フランクリンの「行動力と持

続力がすべてを制する」という言葉は、私の座右の銘です。実行する。そして続ける。シンプルなことですが、実際はなかなか難しい。けれど、目指すものがあるのなら、やるしかない。これからもブレず、あきらめずに、仲間と一緒に目標に向かって進んでいきます。

企業 DATA

社　名：株式会社 Shake heart

代　表：伊藤　拓真

設　立：2014年11月11日

所在地：〒272-0144
　　　　千葉県市川市新井3-4-3　南行徳K2ビル１F

連絡先：TEL 047-316-2820

ホームページ：https://運び屋.jp/

スポーツを続ける夢をビジネスで実現させる頑張る人の熱意に応える会社でありたい

千葉県

株式会社BASE HR GROUP
株式会社SUNホールディングス
代表取締役
鳥井佑亮

●事業内容

従業員数約80名（非正規含む、外国籍約30名）。

人材コンサルティング事業、スポーツマーケティング事業、通信コンサルティング事業を柱に事業展開。人材コンサルティング部門で軽貨物運送を手がける。

プロを目指して野球一筋。就職して見えてきたもの

私は宮崎県の高校を出て、野球推薦で大学に進学しました。プロを目指してやってくる選手が集う名門といわれる野球部で、私自身プロを目指して野球漬けの毎日を送りました。仲間にはプロ入りした選手が何人もいますが、そういう環境に身を置いていると、やはり自分の力の限界が見えてきます。宮崎の高校の部活レベルでは「おまえなら」と言われていても、全国から集った選りすぐりの選手たちの中に入れば、ものすごい人間がいくらでもいるわけです。

とにかく野球が大好きだったので4年間熱中しましたが、卒業後は一般企業に就職しました。

いわゆるベンチャー企業での営業職に就きました。これがまた楽しかった。仕事ですから大変なこと、辛いことはあります。名の知れた一流企業ではなかったので、営業といっても話を聞いてもらうまでが大変だったりします。でもあきらめずに熱意をもって話せば気持ちは通じる。会社のサービスを導入してもらえるかどうかは別として、社会に関わり、自分の力で仕事をしている実感がありました。野球でなくても、どんな仕事も臨む態度は同じだと思えました。また、営業は自分にとって向いている仕事だとも感じていました。

その後、転職し、ソニー生命での営業を経て独立。念願の会社を起こしました。「念願の」というのは、就職して数年経ったころから独立を見据えていたからです。会社勤めはそのステップのひとつ。いずれ、できるだけ早いうちに、スポーツを愛する若者を応援する環境をつくりたいと思っていました。

スポーツ競技と生活を両立させるシステムづくり

起業を目指す目的は、仕事をしながらスポーツも続けられる場をつくることでした。現状では、社会に出る直前までプロを目指して死に物狂いで競技に明け暮れても、実際にプロになれる人はそのなかのほんのひと握りです。

それでもみんな、高校や大学を卒業するまで、プライベートよりも自分の競技に集中する。プロを目指すならそれが一般的で、大げさに言えば「遊んでいる暇はない」のです。趣味や友達との付き合いには目もくれず、時間を使わずに卒部を迎える学生もめずらしくありません。

そうやって生きてきて、プロになれなかったら、そこで自分のすべてを捧げてきたものを辞めるしかない。それまで考えてもいなかった仕事に就くことになる。それはなかなかしんどいことです。

もちろん、そこまで競技一筋ではなく、勉強も私生活も充実させながら部活に熱中してきた、将来の道を冷静に考えながら卒業を迎えたという学生もいるでしょうし、最初からプロを目指すほどではないと自覚している学生もいるでしょう。けれど、それでもスポーツを競技としてずっと続けていきたいという選手だっています。

学生時代、スポーツに打ち込む人は多いのに、それに対して今の日本には、プロの選手以外で競技を続ける手段がほとんどありません。社会人競技にしたって、一流のチームをもつ企業に入社するのは非常に狭き門です。どちらにしてもプロか、趣味でスポーツを続けていくかの二択しかありません。

私は、その中間の環境をつくりたかったんです。いわゆる一流の実業団チームでなくても、社会人チームとして競技会に参加できる。単なる趣味ではなく、競技が社会生活のひとつとして機能する環境をつくりたかった。とはいえ将来必要なビジネススキルを磨くためには仕事が必要ですから、十分な社会経験が身につく仕事と競技が無理なく両立できる環境を整備したいと考えていました。

可能性のカタマリ、若者をサポートするのが使命

株式会社ＢＡＳＥは、自身の経験から生まれた夢を実現するための場です。私の「野球選手になりたいという夢」は「スポーツ選手として生きたい人たちの夢をサポートしたい」という目標に育ったのです。そのための手段を色々と考え、今の業態となりました。

弊社の主な事業は人材コンサルティングやスポーツマーケティングです。軽貨物運送事業は、人材コンサルティング事業のひとつの部門という位置付けです。非常に重要な部門であり、私たちの目標を達成するため、スタッフの夢を叶えるために必要な事業となっています。

弊社には現在「野球部」「男子新体操部」「バスケットボール部」「フェンシング部」があります。これ以外にも、やる気のある選手がいればチームをつくっていく予定です。スポーツだけでなく、舞台演劇の支援も行なっています。

野球が好きだったのでスポーツがとっかかりになりましたが、「頑張る人の熱意を叶える」

というのが弊社の存在意義。それは芸術活動でもいいし、ビジネスの運営でもいいのです。色々な夢が集まって、それをどうサポートしていくかを考え、実現させていくこと。それが喜びであり楽しみです。

若者は可能性のカタマリであり、それを磨くのが我々大人の役割です。それが弊社の理念とも言えます。そこに向かってスタッフ一丸、全力で進んでいます。特に何かのプロを目指してがむしゃらに打ち込んできた経験のある若者はマインドが高い。ここでいう若者とは、年齢のことではなく、「やる気」や「挑戦する心意気」のある人間と言い換えることができます。

夢に向かう人々に、その手段を提供する。そしてサポートし続ける。たとえば野球なら私たちのチームに入団してもらい、練習や試合に参加可能な働き方ができる仕事のプログラムを組んでいきます。

そういったビジネスモデルのなかで、軽貨物運送は非常に相性のいい業態です。仕事の件数が多く、働きたい人にどんどん仕事がマッチングできる。勤務日や時間のやりくりもできます。しかもやる気があれば、どんどん伸びる仕事でもあります。

普通免許があれば始められるし、働きながら効率のよいやり方、お客様に喜ばれる仕事をすれば、それが認められて早期の、または急激な業績アップも望めるのです。

頑張れば力がつき、ファンがついて認められていくのはスポーツと同じですね。残念ながらスポーツの場合は、誰でもプロになってお金を稼いだり活躍できたりするわけではないのが現実です。でも、特に軽貨物運送なら誰にでもチャンスが、それも大きな可能性がある。やりたいこととやるべきことに貪欲に挑戦するためには、ぴったりの仕事です。

野球を続ける夢も車を買う夢も叶えた!

ここで実際に、軽貨物運送で夢を叶えているスタッフを紹介させてください。実際のケースがいちばんわかりやすいと思うからです。

3月に高校を卒業し、私たちの野球部に入団した渡邊力樹。高校卒業後の進路として大学や専門学校で野球を続けることも考えたものの、もっとほかの道でやりたいことができる方法はないか、模索していたそうです。

「具体的に決まっていたわけではないのですが、野球は続けたい。でもきっとプロにはなれない。だとしたら今から将来社会に出たときのことを考えて進路を選択すべきなのか。その場合は何がベストなのか。いろいろ迷っていました。そんなとき、先生からこういう会社があるよと言われて鳥井社長に会いました。僕の希望や考えを聞いてくれて、やりたいことを実現する手段を真剣に考えてくれました。この会社なら何をするにしても、自分の要望をきちんと受けとめてくれる。やりたいことをさせてくれる。そう思って野球チームの入団を決意しました」

そういう渡邊は、週に2回野球の練習をし、外野手として試合にもデビューする予定です。そして彼はすでにひとつ、自分の夢を叶えました。

「車が大好きで、自分の車を買うのが夢でした。軽貨物運送の仕事を始めて、たくさんの荷物を担当するのが最初は大変でしたが、初めてもらった給料を見てびっくり！　こんなにもらえるんだ、と信じられないほどでした。これなら、あれぐらいの厳しさは当たり前。むしろもっと頑張れば給料アップにつながる。それならまだまだ頑張れるぞ」。そして、これなら車が買えるという野望を抱いたそうです。

私は渡邊の車好き、車を買うのが夢というのを知っていたので、彼から相談されたとき、「買ったらいいよ。もっとモチベーションが上がるよ」と勧めました。

「正直、おまえはまだ仕事を始めて数ヵ月なんだから調子に乗るな、と言われると思っていました。それなのに社長はいいね！と即答してくれて。思い切って買ってしまいました。今は自分の車で友達とドライブすること、そしてコロナの影響で延期になっていたリーグ戦の開催が楽しみでたまりません」

高卒後数ヵ月で、マツダロードスターを購入した渡邊。そのやる気に基づいた決断力も素晴らしいと思います。

生き生きと働き、野球部でプレーする彼を見ると、やる気さえあれば夢が実現できるという社是を体現してくれて、私もうれしいですね。

男子新体操部を社会に認知させたい！

もうひとり、男子新体操の浪江誠弥を紹介します。競技人口の少ないスポーツの選手として、男子新体操の存在を社会に認知してもらうために非常な熱意をもって取り組んでいるスタッフです。

　国士舘大学を卒業し、母校でもコーチをしながら社会人大会に出場。さらに弊社のスタッフとなり、会社の事業として「日本ウェルネススポーツ大学」で男子新体操部を立ち上げてくれました。

「女子の新体操は知られていますが、男子新体操は日本発祥の新しいスポーツです。高校の男子新体操部は少しずつ増えてきましたが、大学にはまだ10校しか男子新体操部がありません。そのうち2校は新設されたばかりです。すると競技人口はもともと少ないのに大学の男子新体操部は狭き門となっている。高校卒業後、競技を続けられない選手も多いのです」と浪江。「そこで、男子新体操を少しでも多くの人に知ってもらい、ひとりでも多くの選手が競技を続けられる環境をつくっていきたいと思いました。鳥井社長は僕のその願いに賛同し、会社の事業として男子新体操をサポートしてくれることになりました」

　今、浪江は日本ウェルネススポーツ大学男子新体操部の技術コーチであり、監督です。昨年から男子新体操部のある高校を回って、選手の獲得に奔走してきました。そのなかで

1人、「やってみたいです」という学生が日本ウェルネススポーツ大学に進学し、いよいよ部活動がスタートしたところです。

「今の僕の目標は、この部を大きく育てていくことです。高校で競技をしている選手に、あの大学で新体操がしたいと目標にしてもらえるように。選手の強化には色々な方法がありますが、僕は選手一人ひとりが自分らしく競技を楽しめることを大切にしたいです。ただ強くても有名でも、選手自身が心から楽しめなければ意味がないと思うからです。同時に、僕自身も自分らしく生きていきたいですね」と浪江。「鳥井社長に出会い、そのためのビジョンを描けるようになりました。生きていくためには仕事をしなければならない。けれど、普通に仕事をしていると練習や指導、競技大会への参加などが制限されます。それを両立するための手段がＢＡＳＥにはあります。皆さんが一緒に考え、協力してくださる環境で、やりがいを感じないわけがありません。軽貨物運送の仕事と部活動の両方で成果を出せるように頑張ります」

浪江は競技に携わる時間を多くとりたいということで、生活費を稼ぎながら自分の希望を重視した働き方をしています。もちろん運送業についても真剣で、いかに効率よく仕事をするかを考え、ルートの選び方や荷物の積み方など工夫を重ねています。

夢を実現させるためにビジネスがある

私はスポーツも夢の実現も、ビジネスと同じだと考えています。がむしゃらにやること。トライアンドエラーの繰り返しで学びながら、自分が今やるべきことをしっかり認識してほしい。そうやって成果を出していく。すると応援してくれる人やファンができる。その人たちにもっと喜んでもらおうと頑張ることで、さらに成果が上がりファンが増える。

私たちの事業規模で社会人スポーツチームをいくつも運営するとなると、「できるのか」「もっとビジネス的に他にやるべきことがあるんじゃないか」という意見もあるでしょう。反対に、社会人チームがあると知って、だから応援すると言ってくれる企業もたくさんあるのです。

私たちの熱心な姿勢や実績を見せることで、業種を問わず、多彩で豊かな関係が築かれていきます。高校や大学ともつながりができるので、可能性の幅が広がりますね。

ビジネスを大きくすること自体が目的ではなく、夢を実現するためのビジネスだからこそ広げていきたいのです。

選手としてのキャリアを支援する事業展開を

大学を卒業して5年目くらいだったでしょうか、学生時代の仲間たちと集まる機会がありました。つい5年前までグランドで共に白球を追いかけた仲間たちが、それぞれ別の生き方をしていました。当たり前のことですが、忘れられないのは、「あとは失敗しないように仕事を続けて、結婚して」と、自分の人生なのにまるで他人事のように語る友人が少なくなかったことです。

一方、プロになる夢を叶えたいわゆる「野球選手」たちも、いつまでプレーできるのか、引退したらどうなるのか、そういった不安を抱えている人間が多かった。日本ではプロになったその先に、引退したらどうするのかという大きな問題が横たわっています。スポーツ選手の現役生命は短い。セカンドキャリアを考えておくことが必要なはずなのに、日本ではそういうサポートが少ないように感じます。

若い人の夢をサポートすると同時に、社会人となった人たちがまだまだ続く自分の人生を見切ってしまうこと、やりたいことをやり終えた後の生活に不安を抱えていること、そういう状況をなくしていきたいと思っています。私たちの事業展開は、そのためのベースになれると信じています。だから社名はＢＡＳＥ。

軽貨物運送の仕事はもちろん、それ以外にも色々な業種、働き方があります。あるスポーツを成し遂げた人であれば、チームづくりや指導者として頑張ってもらう道もあります。生き生きと輝くためのフィールドを広げるために、必要な後方支援のできる会社であり続けたいと思っています。

企業 DATA

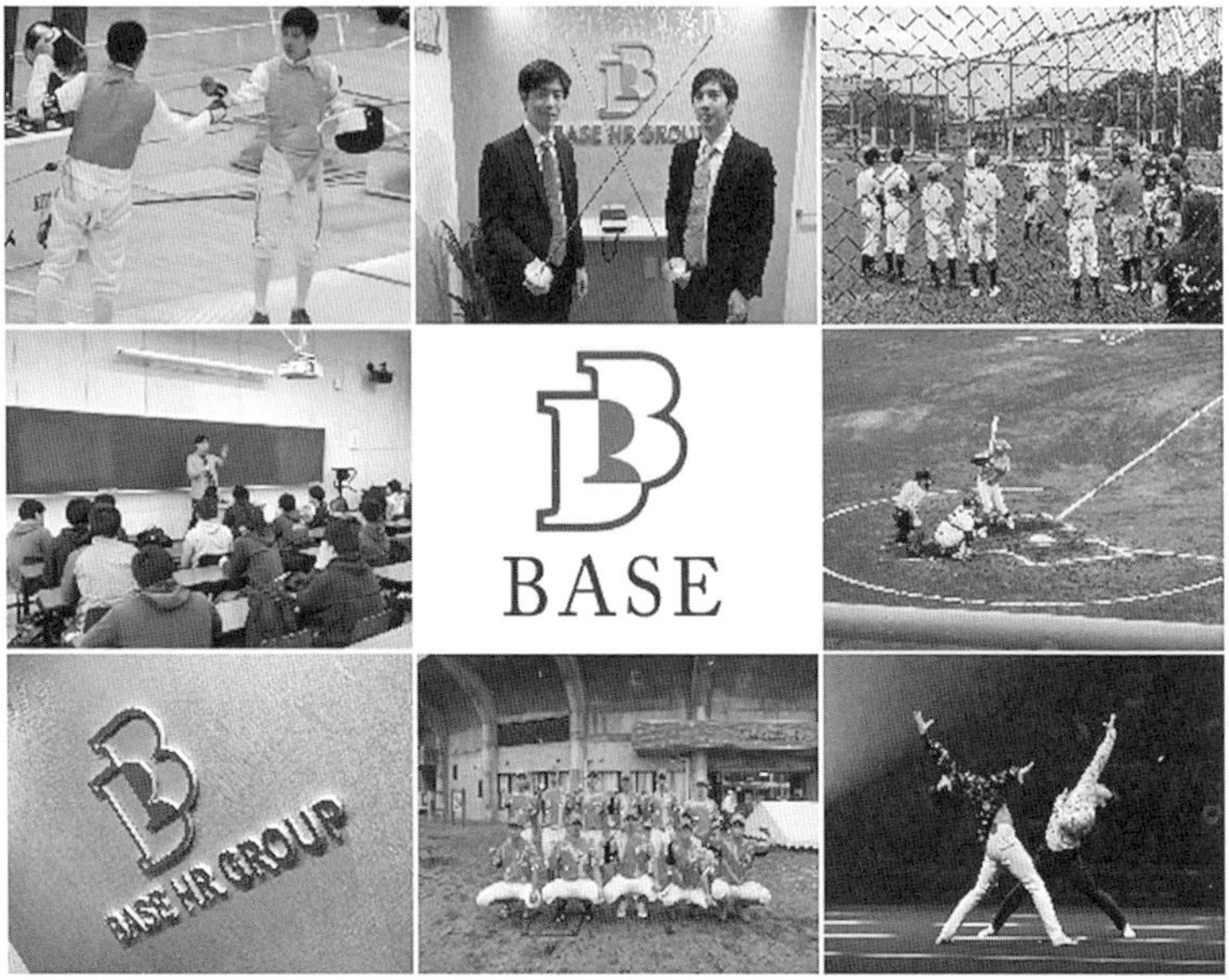

社　名：株式会社 BASE HR GROUP

代表者：鳥井　佑亮

設　立：2014年 2 月18日

所在地：〒273-0003
　　　　千葉県船橋市宮本3-2-13　優企画ビル 3 階

連絡先：info@base-home.net

ホームページ：http://base-home.net/site

グループ会社：株式会社 SUN ホールディングス
　　　　　　　一般社団法人ウェルネス人材開発センター

関連会社：GLOBRIDGE INTERNATIONAL PTE.LTD
　　　　　（シンガポール）

豊富な人材と多様な案件を両輪に「四方よし」に向かって進む

愛知県

愛名物流株式会社
代表取締役
西川裕史

●事業内容

従業員数7名、所属ドライバー100名。

国内の物流は、ネット通販をはじめ荷物が年々増え続け、大手宅配会社の取扱高もそれに伴い増えています。

大手スーパー、家電量販店、オフィス用品、印刷物、コンビニ、お弁当、クリーニング、お花の配送まで、多岐にわたり、このほとんどを軽貨物運送業者が日々配達しており、弊社でも仕事が途切れることはありません。

売り上げ10億に衝撃を受けて踏み出した

実は愛商塾の阿部観代表とは、小学生の頃からの友人で、そこからずっと縁が続いていて、名古屋で一緒に飲食店の事業をやっていたこともあります。

阿部代表は先に軽貨物運送の仕事を始めていたのですが、僕は飲食のほうをずっと20年近く続けていました。あるとき、愛商の阿部代表の2歳下で僕も面識がある後輩の髙田君が、庚伸物流という軽貨物の会社を起こすことになりました。彼が「西川さんも一緒にやりましょうよ」と声をかけてくれたものの、そのときは色々考えて様子を見ることにしました。

阿部代表は毎年、名古屋に何回か来るので、その後も庚伸物流の話はしばしば聞いていたのですが、そのたびに売り上げが伸びているんですよ。それから7、8年経って、ついに売り上げが10億円を超えたと聞いて衝撃を受け、いよいよ自分もやろうと決心しました。それまでやっていた飲食店の経営も続けつつ、2本柱でのスタートです。

最初は高田君の庚伸物流をはじめ、グループの仕事を回してもらいました。その仕事をドライバーにやってもらっている間に、自分が営業して新しい仕事を取ってくるというかたちです。スタート直後は人の募集と営業を同時にしていて、仕事を動かすにはタイミング的にどうしてもズレが生じてしまい、困りました。求人に反響があったとしても、今日行ってすぐ「この仕事、明日からやります」ということにはならないので。だから採用したドライバーにはまずグループの仕事に入ってもらい、慣れてもらって、自社で営業して獲得した仕事は順次、時差を埋めながらドライバーを回していくというように、やりくりしていました。

わからないことだらけで戸惑う面も多かったですが、困ったときはグループ会社にかなり支えられました。名古屋にも10社近くグループがあって、そこで話が聞けたりサポートしてもらえたりするのが心強かったです。ひとりだと一から全部考えないといけないけれど、グループには色々な事例の蓄積があるので百人力を得た気持ちでした。今日まで飲食の事業と両立させながら運送会社を経営していられるのも、このグループの存在が大きいです。

社会の変化で広がる人材の幅と働き方

この仕事を始めてみてまず驚いたのは、求人広告にたくさんの反応があることです。人が十分に応募してこないのではと不安でしたが、全くの杞憂でした。ホームページを強化したのも幸いしたと思います。おおよそ月に50人が面接に来てくれて、そこから毎月5〜

10人くらい契約しているといった状況です。

人数が集まるので、人を選ぶ余裕があり、いい人材を確保できるという恩恵も受けています。

去年までは人手不足気味だったのですが、コロナ禍が始まってからはそれも解消傾向にあります。観光など苦しくなった業界で、新卒採用の中止、派遣切りといった事情で行き場を失った人たちがたくさん出てきたためだと思います。求人広告も出しやすくなりました。今まで求人を打つと、1ヵ月で約20万円かかっていたのですが、今は同じ値段で2ヵ月間掲載してもらえます。それだけ求人を出す企業が減っているということですよね。そういう意味では今、人がすごく集めやすくて、しかも応募してくる人材の質もいい。世間は今、苦しい状況ですが、求人の面ではありがたいと感じています。

この業界は、求人に集まった人を直接雇うのではなく、基本的に個人事業主として契約させてもらうという点が特徴のひとつ。そこにもこの時代に合うポイントがあると思います。

たとえば20代の若い人たちが応募してくるのは、学歴や勤続年数に関係なく、自分が頑張れば稼げるからです。いい大学を出て上場会社に勤めれば、いい給料がもらえるかもしれない。でもその枠は決して多くありません。中小企業に勤めた場合、新卒から2～3年は手取りが20万いかないこともざらです。それにこのご時世、大きな会社に入れば一生安泰とも限りません。それが委託ドライバーなら、入ってすぐでも手取り40万くらい稼ぐことができる。年功序列とか大企業至上主義みたいなところに縛られない働き方ができるのも魅力です。

一方で、40代50代の人の応募もあります。僕は49歳なんですが、この世代の人間が新たに就職しようとすると難しいのが現状です。よっぽど特殊なスキルがあれば別ですけど、基本的に年齢だけでハネられてしまう。転職に限らず、社会が不安定になると、それまで社員だった人もいつ何時リストラや雇い止めに遭うか、わからない。そういうときに、軽貨物運送の仕事なら免許さえあればすぐに稼働できます。中年になって一から始められて、きちんと稼げるのは、やはり魅力ではないでしょうか。

置き配OK、判子もサインも不要な時代に突入

驚くべきことに、仕事が本当にたくさんあります。特に、宅配関連の需要は右肩上がりです。しかも今、業界の動きがかなり活発で、いい意味で目まぐるしく状況が変化しているのですごく可能性を感じます。

実際に起こっていることを言うと、まずヤマト運輸と佐川急便が相次いでECサイト向けの新事業をスタートさせました。僕らのグループでも、たとえばヤマト運輸のEC事業には、最初の稼働時に1000人程度、入れさせてもらっています。新事業の開始自体は予定されていたことなのですが、アマゾンが口火を切った「置き配OK」の流れに影響されて、より早く体制が整ったという感じです。そこに新型コロナの感染拡大への懸念があり、今度は受領印も押さなくていい、判子もサインも必要ないという仕組みが始まりました。

これらは宅送する側として言わせてもらえば効率アップの面でかなり画期的なことです。

このように今までになかったルールが立て続けに導入され、それによってどんどん利益が上がっているのが業界の現状だと感じています。

この機にドライバーの意識向上を！

社会全体の動きが、この業界の追い風となっていると言いましたが、ただやみくもに人や仕事を増やすだけでは成長することにはなりません。規模を大きくするにあたっては、ドライバーの質を落とさないというのがひとつのテーマですね。アマゾンには、1度でもルールを破ったらクビという決まりがあるようです。人はいくらでも来るから、少しでも問題があれば切り捨てるということでしょう。そういうなかで仕事をいただいている立場なので、ドライバーの意識向上を促す取り組みには特に力を入れています。マニュアルや研修を充実させる努力もしてきました。

アマゾンのルールの厳しさの背景には、置き配という仕組みが信頼関係によって成り立つということがあると考えています。いい加減な対応をして信頼が壊れると、その1回の仕事のみならず、「対面せずに荷物の配達を完了させる」という制度自体が成り立たなくなってしまうからです。人を増やすだけでなく、ドライバーのレベルを向上させることで追い風を活かしていけるよう、努めているところです。

ＢｔｏＢの注文は減少するも悲観材料ではない

好機とばかり言っていられない面もあります。宅配、つまりＢｔｏＣの需要は増えてきた反面、ＢｔｏＢの注文は減少しています。特に影響が大きかったのは、「緊急事態宣言」によってデパートや商業施設が軒並みストップしたことです。そういったところへの納品業務がすべて止まってしまったときは、かなり打撃を受けました。それから、少し見えにくいところで言うと、お弁当屋さん関連の仕事は苦戦しています。これも、お店が作ったお弁当を企業やイベント向けに提供するＢｔｏＢですから。テレワークが推奨されて会社員の方が出社してこないので、企業からのランチ注文がどんどんキャンセルになっています。

グループ内の会社のなかには貸し会議室へのケータリングやお弁当配達をやっているところもあるのですが、今はもうすっかりリモート会議に取って代わられ、そのせいでほとんど誰も会議室を借りない。社内のランチミーティングも激減、かなり大変な状況だと言えます。

ただ、先にも述べたようにＢ ｔｏ Ｃの伸びが非常に大きいので、悲観してはいません。売り上げの減少もきちんと補うことができていますし、感染症の流行が落ち着いて世の中がもっと回り出せばＢ ｔｏ Ｂの需要も戻ると思っています。そのときに備えて、配達人員の数や質をいっそう充実させていきたいですね。

「あなたの生活に合う仕事、あります」

今後さらに成長を続けるためのカギとしては、人材募集と新規取引先獲得のバランスをすごく意識しています。僕たちのビジネスは、人を募集したらその人たちを直接雇うのではなく、個人事業主として契約します。基本的にドライバーのほとんどが正社員ではなく業務委託です。これが大手の運送会社であれば、求人広告には「ヤマト運輸○○営業所で○時から○時まで、こういう仕事をしてもらいます」という内容が明確に示されていて、それを見てみんな応募してきます。しかし僕たちの場合はそういった形式とは少し違い、「あなたの生活に合う仕事、あります」という募集をするんですよ。

ドライバーに申し込んで来る人の生活スタイルやビジョンは様々です。この仕事はそれに応じることができるのが強みで、たとえば「午前中は自宅で親の介護をしているので、午後から働きたい」、「今年子どもが生まれたばかりなので、子育てをするために早く帰宅したい」、「別の仕事をしているので、サブで働ける時間帯だけ働きたい」など、多様な生き方に応じた働き方が提供できるんです。年配のドライバーなら午前中は通院の時間に充てることができるし、時間や日にちを分けて別の仕事を並行してやることもできる。

特にクリエイターとしての仕事と兼業しているドライバーは多いです。カメラマンやイラストレーターなど、本業を追求したいけれど、なかなか昨今の事情では満足なギャラがもらえない、そういう方は生活のために別の仕事をしなくちゃいけない。でもクリエイターとしての活動を考えると普通の会社で正社員として働くのは難しい。カメラマンなら、撮影が入ったら1週間休んでロケに行かなければならない。そうなると、一般の仕事には就くことができません。

しかし、軽貨物のドライバーであれば、そのあたりを柔軟に調節することができます。たとえば緊急配送の仕事は、突発的に発生した荷物を運んで、距離に応じて金額が発生するというスタイルです。これなら自分の動ける日に、できる分だけ仕事を取ればいいので合わせやすい。月あたりの収入も、実入りに合わせて調整することができるので、メインとサブの生活プランが立てやすくなったという声も聞きます。

もちろん定期の仕事でペースを保ちながら働きたいという人もいますし、収入を大きくすることを目指してできるだけたくさんの荷物を運びたいという人もいます。要は、多様な生き方、働き方を希望する人たちの受け皿になりたいと思っています。

新しい取引先の開拓を目指したい背景には、今話した多様な人材を活かせるよう、仕事のタイプも幅広く獲得しておきたいという意味もあります。働き手も様々ですが、クライアントにも色々な企業があるわけですから、バリエーションは豊富に、いかようにも対応できる会社でありたいですね。

仕事と人材は車の両輪。噛み合わせて回す

経営的には、単純に考えればやっぱり定期の仕事がたくさんあることがいちばんです。ドライバーが直行直帰で月曜から土曜までずっと回ってくれれば、シンプルで安定しますから。反対にスポット依頼は日によって注文の有無や時間帯がばらつくので、見通しを立てることが難しくなります。でもそこに対して動ける人材がいるのであれば、その分いただける仕事を取りこぼさずに済みます。

たとえば、先ほどのお弁当の話でいくと、お弁当の配送というのはだいたい11時から13時半くらいの時間帯に集中します。朝や夕方には、ほとんど来ない。しかしここで朝や夕方の時間帯にピンポイントで働きたいという人がいる可能性を考えると、僕らの仕事の選択肢が増えたことになりますよね。

お弁当屋さんの中には定期配達をやっているお店もありますが、そうではないお店もあります。そんなとき、「うちには定期の配達の仕事だけください」というのでは信頼関係

は生まれません。そこで「いつでも伺います。任せてください！」と言っていくことが大事なんです。緊急だろうとやる、1週間だけの短期だろうとやる、と。そういった対応を積み重ねていくうちに、大きな仕事が入ってきたりコンスタントな依頼につながったりしますから。

これを可能にするのは、いろんなドライバーを抱えて幅広く活用できるかにかかっています。幅広い案件、いろんな案件にフィットするドライバーを充てていく……つまり仕事と人材は、車の両輪のようなもので、それぞれが噛み合い、回ることで、会社がどんどん前に進むようになる。そのためにはどちらも数を揃えることが大切です。取引先10社にドライバー10人ではどうにもなりませんが、それが何百社、何千人となってくると、どこかで必ず噛み合いますので。

新規採用およびドライバーの育成と、営業による新規取引先の獲得は偏ることなく進めていきたいですね。

目指すは「四方よし」

商売をするにあたって大切なのは、売る側と買う側それぞれがその取引に対して満足すること、つまりｗｉｎ‐ｗｉｎの関係になることです。僕らの商売でも、「お客様に対して配送というサービスを提供してご満足いただき、それが社員の利益と喜びになる」という関係が成り立っています。しかし、これだけでは不十分で、目指すところは、お客様のみならず、共に働く人たちにも喜んでもらえる事業展開なのです。

社会情勢の変化の渦中にあって、お客様の生活に寄り添った幅広いサービスを提案、提供すること。それによって、ドライバーの収入アップや自由な勤務スタイル、快適な暮らしの獲得を進めること。お客様やドライバーの情報をグループで共有し合い、協力会社全体の成長を促すこと。そして、愛名物流の利益とやりがいが大きくなること。つまり、お客様、ドライバー、協力会社、そして自社の社員みんなが幸せになる「四方よし」を叶えるべく、邁進します。

今後は、現在拠点としている名古屋から、近県の岐阜・三重・静岡などにも営業所を出したいと考えています。営業も採用もより迅速に進める所存です。

企業 DATA

社　名：愛名物流株式会社

代表者：西川　祐史

設　立：2003年５月

所在地：〒468-0051
愛知県名古屋市天白区植田３丁目1701
ワイズビル601（本社）

連絡先：TEL 052-746-0177

ホームページ：https://ai-na.com/

付加価値のあるサービスで現場業務に安定をもたらす

愛知県

グッドワン株式会社
代表取締役
角 将人

●事業内容

運送業・業務請負業・軽貨物運送業・ハンドキャリーサービス。従業員数100名（登録スタッフ含む）。

名古屋市を中心に、リースコピー機のトナーや用紙などの配送・交換業務というルートセールス的な業務をメインとして軽貨物運送業を手がけています。創業時より展開する倉庫作業などの人材派遣業務も事業の核となっています。

「この仕事なら始められる」と迷いなく飛び込んだ

高校、大学と野球三昧の毎日を過ごし、社会人チームのある製造業の会社に就職しました。仕事をしながら練習、試合といった社会人生活でしたが、26歳のときに野球部の廃部が決まりました。野球をするために入社した会社だったので、廃部と同時に退職。先のことを深く考えていたわけではありませんが、できれば会社勤めではなく、自分で事業を興したいという漠然とした思いはありました。

そんなとき、派遣業を手がける先輩の話を聞いて、私も個人で人材派遣の仕事を始めました。先輩には仕事のノウハウを教えていただいたり、お客様を紹介いただいたりとお世話になりましたね。主に各種軽作業や倉庫作業の人材などを派遣しているうちに、ある程度軌道に乗ってきたので、2年ほどして会社組織にしました。

軽貨物事業を手がけることになったのは、人材派遣を請け負っていたお客様から「新しく始める案件があるので、これまでの人材派遣とは違う形で手伝ってもらえないか。御社も新しい事業として取り組んでほしい」とお誘いを受けたからです。その案件というのが、オフィスにリース契約のコピー機やトナー、用紙などの備品を届ける配送業でした。

迷いはありませんでした。トラック1台100万円程度と、比較的始めやすい事業だと思えました。それに契約ドライバーを仕事があるところに手配するということで、もともとの人材派遣業と、それほど畑違いの仕事ではありません。「はい！　やらせてください」という感じで、軽貨物事業に着手しました。数台から始め、徐々に増やして、今では30名ほどのドライバーで仕事を回しています。

運送業を始めてしばらくしてからは、チャーター便や宅配などの仕事も請け負ってみたのですが、基盤となるリース機器のお届けが忙しくなってきました。人材派遣業も求人が難しい時期を迎えて手を抜けません。突発的な案件が多く、多くのドライバーがいないと対応が難しいスポットの配送業務は難しくなってきました。

特に参入当初は飛び込みの案件に対して弊社の経験が少なかったこともあり、ドライバーを募集しても十分な教育が追いつかず、定着率も低かったのです。そのため、まずは基盤となっている業務をしっかりやろうということで、常用の配送業に集中して今に至ります。

「届けて終わり」ではない仕事で単価アップ

この業界は求人を出すと応募がけっこうあります。面接するところまでは募集に苦労しません。弊社では求人広告も出しますが、紹介で登録するドライバーも増えています。あとは定着率を上げること、スムーズな研修・教育をすること。これらがうまくいけば仕事の受注を増やすことができ、会社の業績も上がっていきます。

委託ドライバーに向くのは、常に安全運転ができる冷静な人。これは当たり前のことですね。急に休んだりすることのない責任感の強い人というのも、どんな配送業にも、どんな仕事にも必要なこと。それに加えて私たちの現場では、社会人としての人間性が重要になります。

業務の内容がリース契約をしたオフィスにOA機器と、そのサプライ用品を届けることなので、ドライバーのマナーや知識が重要になります。もちろん、どんな配送にも必要なことですが、弊社では特に、コピー機のトナーを交換するといった付帯サービスも手がけています。「届けて終わり」ではないため、オフィスの社員の方々と接する機会や時間が多いのです。

社員の方々にとって私たちは、リース会社の配送員です。私たちのお客様であるリース会社の、その大事なお客様に荷物を届け、サービスを提供するのですから失礼は許されません。身だしなみなどにも気を使う必要があります。

信用できるドライバーの確保、そしてドライバーの教育が重要であることは、どの運送会社でも同じだと思います。ただ、そこに精密機器を扱う付帯サービスがあり、お客様の顧客に対応する業務ということで、さらなる配慮や信用が大切だと肝に銘じています。

新人ドライバーへの教育は、2週間同乗して客先を回ります。機器の扱いについても先輩について覚えてもらいます。その後、1日かけて決められた作業項目をチェックし、合格したらひとりで現場に出てもらいます。

また、エリアごとに現場担当者を配置し、ドライバーが現場で機器の扱いに迷うようなときはもちろん、機器の簡単なトラブルなども自社で迅速に対応できる体制を整えています。

配送にとどまらない作業なので、その分、単価は高くなります。届け先は100%オフィスなので不在もありませんし、残業もほとんどありません。朝8時前後に出社し、18時から19時には業務が終わるのが普通です。休日の配送もほとんどないので、自分の時間をしっかり確保したいドライバーにはいい仕事だと思いますね。

いい仕事をすることが最大の営業

コロナで外出する人が少なくなった時期には、宅配をはじめとした軽貨物運送の仕事が大幅に増えたことでしょう。弊社ではそういうことはなく、逆に出社する人が減ったオフィスではOA機器の使用も減るため、一時的に仕事が減少傾向にありました。配送がない日、早く終わる日もありましたね。

とはいえ、リース契約は決まった期間続くものであり、ずっとオフィスが使われないということもありません。そういう意味では、ドカンと仕事が増えることはなくても、安定性のある仕事だと言えるでしょう。

トラックを増やせば仕事を増やすことはできます。ルートセールス的な今の業務以外の配送を手がけることもできます。ただし、そのためには今の常用業務とは別チームの管理体制を組む必要があると考えています。そのため、この先もしばらくは同業種、同形態の配送業を広げていくことを目指しています。

この業務で仕事を広げていくためには、紹介が大きくものをいいます。いい仕事をすることが営業なのです。

お客様から評判のいいドライバーには、それを評価して対価を多めにする。専門知識を積極的に身につけて現場で活かすような、やる気のあるドライバーも同様です。一般的な運送業の魅力のひとつである「やればやっただけ」というようなことはなくても、頑張ればきちんと評価されることを実感してもらいたいと思います。

その結果、ドライバー一人ひとりが弊社の営業マンとしてお客様にアピールしてくれることになれば、みんなにメリットがあるはず。いえ、そうしなければならないと思っています。

お客様の機会損失を減らしたい

もちろん常用の仕事がメインとはいえ、当然、スポット便、チャーター便などにも対応できるよう心がけています。突然の配送に対応する準備はしています。運送会社ですから、届けられる荷物は届けたい。お客様の物流コストの円滑化、物流への要望を実現したいと考えています。

メイン事業ではなく、軽貨物運送でもありませんが、弊社ではハンドキャリーの仕事も請け負っています。陸送では間に合わないお届けものを、スタッフが公共交通を使って運ぶのです。

高速道路の渋滞で、万が一にも遅れたら大変なことになる荷物。新幹線や飛行機を使わないと間に合わない荷物。そういったものにも対応していて、それなりに需要もあります。今から発送しても間に合わないからあきらめる。そういう機会損失を少しでも減らしたい。これは運送業に携わる誰もが思うことでしょう。私たちもその気持ちでは負けません。

日本の物流のきめ細かなサービスは、世界でも3本の指に入ると言われています。それを担うのが私たちであり、スタッフやドライバーの皆さん。そして、私たちを信じて大切な荷物を預けてくださるお客様のおかげです。これを忘れてはいけないと思っています。

当たり前のことを当たり前にしていきたい

個人的な話ですが、私は今45歳で去年、大病をしました。それをきっかけに、会社のこと、現場のこと、自分や家族のことなどを改めて考えました。

この先、どうしていきたいか。何を目指すべきか。経営者として会社の目指すところは当然定めていますが、本当の意味で、今後自分がどう生きていくべきか。自分の会社がどう社会に貢献できるかなどを見つめ直すきっかけになりました。

結果、「当たり前のことを当たり前にする」。これをモットーにしています。日々の暮らしで言うと、夜更かしをせず、飲酒も控えて、子どものペースに合わせた生活をする。

少しでも世のため、人のためになる生き方をしたいし、会社の理念というほどのものではありませんが、仕事で迷惑をかけないように当たり前のことを当たり前にしていきたい。

それをモットーにできるのも、会社のために一生懸命働いてくれるスタッフやドライバーがいるから。ですから、弊社に関わるすべての人に、自分の生きがい、働きがいを感じながら仕事をしてほしいと思っています。

そういうことと業績を伸ばす、稼ぐということが結びつかないのはおかしいと思うのです。もちろん、どんな仕事もきれいごとだけではありません。お客様の要望を叶えるために、請け負う人々が大変な思いをすることもあるでしょう。そして、そのお客様たちも、自分の業務をまっとうするために無理をすることがあるはずです。

無理が単なる辛いこと、苦しいことで終わってしまうか、そうでないかは、その先に希望が見えるかどうかではないでしょうか。無理を「頑張ったこと」として、その経験を活かしていく。自分を認めることができれば、自分の力は伸びていくはず。まわりと一緒に伸びていけるはずです。せっかく縁があって関わった人々と、そんなふうにつながっていく舞台に、この会社がなっていければうれしいですね。

少年野球チームをサポートできる喜び

私が野球に青春を賭けたことはお話ししました。今、弊社は中学生のボーイズリーグをバックアップしています。土日は子どもたちの野球の練習につきあって汗を流すという楽しみが増えました。

自分の趣味を兼ねていると言われそうですし、確かにその通りですが、これも小さな社会貢献のひとつだと考えています。自分が大好きだった野球。夢だった野球選手。そこに向かう後輩たちをサポートできる立場になれたことがうれしいです。そういう意味では、私自身が運送業で夢を叶えたと言えるのかもしれません。

これからの目標としては、配送業では、常用の仕事を増やしていくこと。スタッフやドライバーの環境を充実させていくこと。これが第一です。

もうひとつの柱である人材派遣業も伸ばしていきたいですね。今の課題は日本人の登録スタッフが集まりにくいことです。反面、海外から来た研修生や個人的に来日した人たちが積極的に登録してくれます。新型コロナ問題で一時的にストップしていますが、外国人登録スタッフはこれからますます増えていくだろうと思います。

そういうスタッフたちに、業務はもちろんのこと、日本語や生活習慣などを教える体制を整え、よりよい人材へと育ってもらうことが派遣業のポイントだと考えています。

軽貨物事業と人材派遣業、どちらも会社を支える重要な事業であり、将来性もあります。会社全体の福利厚生や教育システム、社会貢献活動が充実していくよう、バランスよく経営を回していけるよう、皆さんの協力のもと頑張っていきます。

企業 DATA

GOOD ONE
お気軽にお問い合わせください。
052-991-8189
ホーム
サービス案内
ハンドキャリー
採用情報
会社案内
お問い合わせ
GOOD ONE
迅速対応とベストな軽貨物運送・
アウトソーシングサービスのご提供
名古屋の軽貨物運送 グッドワン株式会社
物流コスト削減 物流コストの円滑化 全国365日24時間対応
名古屋の軽貨物運送　グッドワン株式会社は軽貨物の運送サービスを得意とした運送会社です。
当社は名古屋を拠点に軽貨物での取り扱いを中心に、定期便・専属便・スポット便はもちろん、引っ越しから新幹線や飛行機を使用してのハンドキャリーまでお値打ちにスピーディーな運送サービスを行っております。
採用情報
グッドワンでは随時ドライバーを募集しています。
18～80歳迄の男女で運転免許があれば個人事業主として、小資本でドライバーを始められます。
4t・大型ドライバー
会社案内

社　名：グッドワン株式会社

代表者：角　将人

設　立：2013年８月１日

所在地：〒451-0013
愛知県名古屋市西区江向町1-70-1
アドバンスビル３Ｆ

連絡先：TEL 052-991-8189

ホームページ：http://good-one1.com/

車1台から、「一隅を照らす」会社に。提案力と行動力で大きな夢に向かう

大阪府

アイロード株式会社
代表取締役
小野智之

●事業内容

軽貨物自動車運送業。従業員10名、委託ドライバー100名。自社車両70台。

創業当時はＢｔｏＢの企業専属業務が中心でしたが、ＥＣの普及に伴い、現在はＢｔｏＣの業務にも積極的に取り組んでいます。

そのほか、貨物利用運送業、大阪と名古屋にて倉庫業も手がけており、２０２０年中に一般貨物運送事業を開始する準備をしています。また、運送業だけでなく、ラウンド、フィールド業務などの請負業務全般にも取り組んでいます。

波乱万丈な漕ぎ出し

学業を終えてからずっと営業の仕事をしていました。自身の能力はさておき、とにかく稼ぎたい気持ちが強く、当時は「運送会社は稼げる！」というイメージがあったことから運送業界を志しました。

しかし、実はその当時の私は運転免許を取得したばかりの超初心者。今考えると当たり前のことですが、さすがに面接に行っても「初心者マークで配達しているドライバーはいないよ！」と言われ、２ｔ、４ｔの運送会社はすべて不採用でした。

それでもやはり運送会社でしっかり稼ぎたいという気持ちが頭の中にあり、もしかしたら軽貨物の会社なら入社できるかも、と考えて挑戦することに。それが軽貨物運送との出会いになります。

ところがドライバーのつもりで入った会社で、任されたのは営業職。だからあっさりと入社できたのだと理解しました。予想外のことではありましたが、元々営業をしていたこともあって実績は順調に上がり、短期間で管理職にもなれました。

というのも、以前勤めていた会社がさながら軍隊のように厳しく、結果だけがすべてという世界だったんです。結果が出ない者に対しての暴力、暴言は毎日のようにありました。今なら大問題だと思いますが……。そんな会社でも勤めてきたという自信なのか、運送会社の営業は楽しく、簡単だと感じました。

むしろ苦戦したのは社内での在り方です。何事もはっきり言ってしまう性格で俗に言う社内営業が全くできず、役員や株主次第で経営方針が変わってしまうことにも馴染めませんでした。やがて「自分の力が活きる場所はここではないな」と思うようになりました。ちょうどその頃に希望退職の募集があったこともあり、1回目は慰留に応じたのですが、2回目で辞めることにしました。

そして当時一緒に働いていた上司が独立、その会社に転職しました。そこでも営業職としてそれなりの売上実績を作りましたが、上司がとにかく厳しい人で毎日怒られていました。ただ、今考えるとこの会社で営業の厳しさを教わり、今の私があると痛感しています。

当時は営業実績があることを過信してしまい、自分ならできるという気持ちだけで、公私にわたり仲の良かった先輩と独立することにしました。ただ営業だけならまだしも経営となると無知な上、すべてが空回りしてしまう結果に。自分の甘さから人間関係にも亀裂が生じ、最終的には孤立して退社しました。

当時、一般貨物の運送会社の社長にとても可愛がっていただき運送業の仕事も覚えたところだったのですが、すべてを失ったかたちです。今だから笑って言えますが、精神的にもかなり辛い日々でした。

その後は全く別の仕事をすることも考えました。でも今さら他業種に行くのは、自分がやってきたことが間違っていたと認めることのように感じ、ぎりぎりの精神力でこの道を貫きました。そして、どうせこの業界でやっていくのなら、どこかに勤めるのではなく初心に返って一から独立しようと決意したのです。

とりあえずトラックを1台借り、自らドライバーとして再スタートを切りました。半年ほど経ってそろそろ法人化をと考えていた矢先、愛商塾の阿部代表より権利会社を引き継ぐお話をいただき、現在に至ります。思い返すととても波乱万丈な船出だったと思います。

そのなかでなんとかやってこられたのは、現在の取締役が入社してくれて、時間に関係なく協力してくれたからです。また、法人化するまでは同業者の社長にも助けていただきました。本当にありがたいことだと感じます。

軽トラにスーツを積んで走る日々

独立当初はドライバーとして走らねばならず、感じたのは「先が見えない」ということです。昔はずっと営業で、現場に入ったことはありませんでしたが、独立したてはひとりなので、毎日自分で走って行くしかない。毎日毎日同じことの繰り返しのような感覚に陥り、辛かったです。

私の目指していた独立とは、ドライバーになることではなく、運送会社の経営者になることでした。本当は社員でも委託ドライバーでもそれなりの数を集めて会社として運営をしていかないといけないのですが、はじめはそうもいかない状況でした。毎日ドライバーとして同じ現場に行っていると、「いつになったら自分はドライバーをやめられるんだろう」と思ってしまうこともありました。

ドライバーとしての仕事はしますが、もちろん経営もしないといけない。毎日、軽トラックにスーツ・ネクタイ・靴のセットを置いて、配達しながら荷台で着替えて営業やリクルート活動をしていました。辛かったですが、ひとりなので自分が動かないと先がもっと見えなくなります。とにかく「新しいお客様やドライバーとのご縁をもっともっと拡げていきたい」という一心で動いていました。

現在は経営者としての業務を行いながらたまに現場に出たりはしますが、実は自分がいつドライバーを降りることができたのか、よく覚えていないんです。ただ、現場を降りるのがとても怖かったことは覚えています。自分が運転して走ったら生活はできる、つまり自分の食い扶持は確保されるわけです。でも現場を離れると、その保証がなくなってしまう。しかし、営業などの時間も作らないと先が見えない。そこで、最初は半日ドライバーをしたりして営業や経営にかける時間帯を調整していました。

「できます?」「できます!」が武器

今やっていくうえで意識しているのが、お客様への提案です。「こういうこと、できませんか?」という質問や依頼がお客様から来るので、「そういう形にしたらこうなるから、こうしたほうがいいですよ」と答えたり、逆に自分たちのほうから「こんなふうにしたらどうですか?」と投げかけたり。お客様に言われたとおりにするだけなら、誰でもある程度できるので、何がお客様にとって最適なのかを追求し、提案しています。

荷物を運ぶだけだったら大手の運送会社がたくさんあります。当社のような小さな会社を選んでもらうためには、やはりお客様にそれ相応のメリットがなければいけない。「お客様に最高のサービスを提供できているか?」「なぜ当社を利用していただけるのか?」「当社の強みは何か?」ということは常に考えています。

強みとして「提案力」を大事にしていると言えます。

それから、行動力ですね。たとえばお客様から依頼があって、「こんなこと、できますか?」と言われたとします。よくある答えとしては「検討して折り返しご連絡します」みたいなケース。でも、当社はその場で「できます、やります」の回答を心がけています。

この瞬発力というか即答することが、小さい会社ならではの武器です。小回りが利くと言いますか、こういったところでお客様に満足していただければうれしいですね。

運送業、サービス業は、大きな次元のことを考えると同時に、一つひとつの仕事の細かいところも大事にしなくてはならないと思います。ドライバーの意識が低ければミスにつながりやすいし、慣れからトラブルにつながるケースもあります。でも、一生懸命仕事をしているときは時間が経つのを早く感じますし、飽きることもない。だから社員やドライバーには、日々一生懸命、小さな目標を持って各自取り組んでほしいと、いつも伝えています。

一生懸命働く理由は、必ずしも「会社のため」にではなく、「自分のため」にでいいというのが私の持論です。「私はお金のために働いているのではない」と言う人も見受けますが、どうせ働くのであれば少しでもお金が多いほうがうれしいと思いませんか？　つまらないと言いながら仕事をするより、面白いと感じながら働くほうが気持ちいいと思いませんか？　欲が増えると、人はいい意味で変わることができます。働き方の姿勢が変われば、生活全体も変わっていくと思います。

こうしてみようとか、あんなふうになりたいとか目標を見つけると、仕事に対する意識が劇的に変わります。もっと大きく言えば夢を持つことです。

心配りと礼節で自分の身を守れ

色々な社会の変化があり、ドライバーのあり方を考えさせられる機会が多々あります。

最近、宅配業務における「置き配サービス」も、商品紛失になるとドライバー責任になる可能性が非常に高い。保証があるとはいえ、現状では責任の所在がすごく曖昧な気がします。

新型コロナの影響もあって、お客様がドライバーに対して過敏になることも多く、些細なことからクレームにつながるケースも増えているように感じます。やりきれないときもありますが、もうこれは社会の流れとして受け止めるしかない。物流を止めるわけにはいきませんから。であれば、ドライバーが自分で自分の身を守るにはどうしたらいいか、問題が起きるのを予防する対応を考えて行動しています。

身を守るには、当たり前のことですが、礼儀礼節が一番大事です。挨拶を元気よくすることや、清潔感を保つこと。挨拶ができないドライバーは、手際のいいサービスをしてもクレームにつながることがあります。逆に元気よく挨拶したり愛想よく返事をしたりするドライバーは、小さなミスをしてもクレームにならないケースが多いです。

また、最近はタバコに関するクレームが増えているのですが、それに対するお客様の反応も、ドライバーの少しの準備やマナー次第で変わってきます。身なりや印象で損をすることが絶対にないように心がけてほしいですね。

もう一つ、危機管理が大切です。喫煙可能な現場であれば、喫煙者は消臭スプレーを常に携帯しておく、口臭予防剤を常備するなど、エチケットとしてできることはたくさんあります。そういう一つひとつのマナーやエチケットが全部、自分の身を守ることにつながるのだと思います。そこまで含めてサービスだということです。

お客様への心配りはドライバーとして必要不可欠。「いつもありがとうございます」と言うのもそうですし、そのひとことで印象もお客様の満足度も違ってきます。たとえば受領のサインをもらうときもそうです。心配りがあれば、お客様へのお届け時に記載された名前を指差しながら声に出し、「サインをください」ではなく、「お名前をご確認のうえ、こちらにサインをお願いします」と言える。そうすれば誤配も防げますし、与える印象も丁寧になります。些細なことですが、そういうところが大切だと感じます。

お客様にも「NO」をはっきり伝えられる関係に

先ほど「礼儀礼節を尽くして対応する」ことが大事だと言いましたが、それと「へりくだって言うことを聞く」こととは全然違います。私は間違っていることがあったら、お客様にはっきりお伝えします。すべてがYESではありません。ときにはNOもある。YES・NOを明確にお伝えすることにより、むしろ良い関係が築けるのだと思います。そういったコミュニケーションができるようにお客様とつながっていけるのが理想です。

イメージとして、運送会社とお客様の関係は、下請け、仕事をもらっているという構図があります。「仕事を与えてやっている」といった印象が強いです。でも、私はそういうつもりで仕事をしてはいないので、時には依頼を断ることもあります。違うと思ったことは違うと、ちゃんと言える関係でいたいです。

また、安すぎる運送料金を提示するお客様とは取引していません。料金設定というのは、当然理由があって定められているものだからです。

たとえば東京から大阪まで荷物を運ぶとして、提示料金は人件費、燃料代、車両維持費など相応のコストを踏まえたものです。そういう説明は大切にしていますし、説明をすると多くのお客様が理解してくださいます。説明を尽くしても理解していただけない場合は、無理して関係を続けなくてもいいという考えで仕事しています。

一隅を照らす存在になりたい

「一隅を照らす」という言葉が好きです。天台宗を開いた伝教大師・最澄が記した書物の中にある言葉で、私が卒業した高校の校訓でもありました。「一隅」とは、自分が今おかれている立場とか、今いる（在る）環境のこと。「一隅を照らす」とは、今おかれた場所で一生懸命、自分がやれることをしていれば、そこが輝く、周りを輝かせるという意味です。

この言葉が、高校で学んだときから心に残っていて、今も仕事をするうえで念頭にあります。与えられた仕事を全うすること、そのなかでお客様に良い提案をして喜んでもらうこと、役に立つ存在になること。そして夢を持って前に進むこと。こういうことを日々続ければ、それはいつか現実になります。

まだまだ若輩者ですが、今後の具体的な目標としてあるのがメーカーになること。ものづくりをして、自社倉庫で管理をし、自社配送をワンストップで行う。通常、ＥＣ商品などのメーカーは、お客様を直接見ることができません。その点、軽貨物運送業は「ラストワンマイル」をお届けする立場で、お客様と対面できる。ものづくりという分野で考えても、これは確実に武器になると思います。また、現在は軽貨物運送業と合わせて倉庫管理も行っていますので、そこに一般貨物運送事業を取り込んでシステムを整え、規模を大きくしたいと思っています。

軽貨物運送業は直にお客様の顔を見られることが最大の魅力です。

我々の役割は物流の最後のお届け、ドラマで言えばクライマックスの主人公なのです。その魅力を最大限に活かしてビジネスを拡大していきたい――常にそう考えています。簡単なことではないと思いますが、だからこそ面白い。

軽貨物運送という仕事からさらに広い範囲に裾野を広げられたら、それこそ夢をつかめる。一隅を照らす存在になれるのではと思います。

企業 DATA

社　名：アイロード株式会社

代表者：小野　智之

設　立：2015年10月　創業
2016年 3 月　法人化　アイロード株式会社となる

所在地：〒547-0011
大阪市平野区長吉出戸3-2-2（本社）

〒559-0031
大阪市住之江区南港東4-5-23-2F（事業本部）

連絡先：TEL 06-6797-0011　FAX 06-6797-6611（本社）

ホームページ：http://airoad.co.jp/

令和の時代は実力主義
ラストワンマイルの力が今こそ輝く

兵庫県
株式会社ＲＡＧＡＺＺＩ
代表取締役
小椋勇輝

●事業内容

従業員数34名。自社車両は30台、委託先と合わせて50台が稼働しています。現在取り扱いしている荷物は、飲料、おむつ、畳、宅配物、着物、建築材料、食料品、電線、印刷物等。基本的に軽車両で運べるものは全般扱っております。

家族との暮らしを考えたら軽貨物だった

もともと一般貨物で長距離トラックの運送をやっていました。そのときに結婚という人生の節目があり、このままで家族を何不自由なく養っていくことができるかと考えました。収入の面でもそうですが、毎日家に帰ることができない生活でいいのかという思いもあって……。

そのタイミングで、先に軽貨物運送の仕事を始めていた知り合いの社長さんと会う機会があり、「この仕事はけっこう稼げるから面白いよ」というお話を聞いたんです。それなら収入的にも暮らし的にも家族を支えられるんじゃないかと感じて踏み出しました。当時は個人で借金も抱えていたので、家族を養いながらそれも返してとなると、雇われの身の給料では厳しいなと思ったという面もあります。本当に単純な動機でしたね。

まず、その社長さんの会社に入って仕事を覚えさせてもらおうと思ったのですが、「おまえだったら経営者としてやれるはずやから独立してみろ」と言われ、「バックアップはするから」と力強い言葉で勧められたこともあり、はじめから会社を起こすことを決意しました。

最初は、当時自分が乗っていた乗用車を手放したお金で軽トラックを買い、友達を2人誘って、社員3人・車3台でスタートしました。会社を始めたはいいものの、本当にできないこと、わからないことだらけで戸惑いました。自分自身のことで言うと、配達件数の多さに全然ついていけず、苦戦しました。一般貨物は、基本的に1ヵ所で積んで1ヵ所で下ろすという、どちらかと言えば運転メインの仕事だったんです。でも、軽貨物の仕事は地域密着型で、たとえば宅配便だとすごく狭いエリアの中で100軒とか150軒とか平気で回らないといけない。どのように回れば配達が終わるのか想像もつかず、「こんなの本当に毎日やっているのか。宅送ドライバーの人はすごい！」と驚きました。

もうこれは自分自身で走ってみないと絶対わからないと思って、最初の1年2年はずっと現場に出っぱなしでしたね。営業をしながらドライバーと同じように走って、自分の生活費は自分で稼ぐという状態でした。なので、社長という感覚はあまりなくて、社長も自分、社員も自分、ドライバーも自分みたいな……。ただもう無我夢中で働きました。

ネットで検索して懐に飛び込んだ

その後は、いろいろな方とのつながりで会社を育てていきました。独立を勧めてくれた社長さんであったり周りで軽貨物をやっている社長さんであったり、本当にたくさんの人が手を差し伸べてくれて……。始めたばかりのころ、ドライバーが5人くらい一気に来ることになったのに、資金がなくて車が足りない状態になったんですよ。そのときも、ある社長さんが車両を5台譲ってくださり、しかも費用も1年間待ってくださって、なんとかしのぐことができました。こうして色々な方の援助があって、連携しながら、少しずつ大きくしていった感じですね。本当に感謝しています。

このつながりは、愛商物流の阿部代表に出会ったところから始まりました。起業したてのときに、この事業で成功するなら日本全国でいちばん成功している人に話を聞くのが早いと思い、インターネットで「軽貨物　全国」と入力して検索したんですよ。そのときにいちばん上に出てきたのが愛商物流。ホームページを見ているうちにとても大きい存在だとわかって、この方に話を聞いたら成功できると確信しました。

すぐ会社に電話して、「阿部さんの成功の話を聞きたいので会わせてください」と言って頼みました。電話を受けた社員は「こいつ、何を言っとるんじゃ」みたいな反応でした(笑)。それはそうですよね、面識も全くありませんでしたから。それでも何回か電話しているうちに、阿部代表から直接お電話をいただき、「本当に話を聞く気があるんだったら東京まで来るか?」と言われました。次の日か、その次の日ぐらいには新幹線に乗っていましたね。迷いはありませんでした。

その阿部さんから関西の社長さんを多く紹介していただきました。そこから仕事が一気に広がったという感じですね。当時は単純な考えでパッと会いに行きましたが、結果的にはこの出会いが今の成長につながったと思っています。

ドライバーは十人十色。一人ひとりを尊重する

起業したてのころは、とにかく売り上げを追って人を雇って仕事を増やしていくというスタイルだったのですが、ドライバーがなかなか続かなかったんです。なぜすぐにやめるんだろう、何が悪いんだろう、なんで自分についてきてくれないんだろうと考えたとき、お金を目先だけで追っている自分がドライバーに負担をかけていたのだと気づきました。

ひとくちにドライバーといってもいろいろな人がいます。生活スタイルでこの仕事を選んでいる人、お金で選んでいる人など、人それぞれ。給料ひとつとっても、「独り身だから月20万円ぐらいあればいい」という人もいます。そんな人に倍の月40万円は稼げるからがんばれって仕事をつけても、その人はそんな無理をしてまで稼ぎたいわけじゃない。

もちろん全員が全員ガッツリ稼ぎたいというのであれば会社に留まってくれるんでしょうが、そうはいかないのが実情です。となると、自分が売り上げばかり気にしてドライバ

ーにハッパをかけても難しいし、そこそこ暮らしていける程度でいいという考えの人も受け入れる必要がある。だから、ドライバー一人ひとりの希望を考慮して経営しようと思ったんです。10人なら10人、それぞれに合った働き方や暮らし方がある、それを尊重しようと、意識し始めました。そのあたりからドライバーにだんだん長く続けて働いてもらえるようになりました。

成功の鍵は「自分の上にドライバーさんがいる」

ドライバーの育成に携わるようになって、成長のしかたというのもまた人それぞれだということがわかりました。怒ってケツを叩いて伸びるタイプのドライバーもいれば、褒めて持ち上げないと伸びない人もいる。経営者という立場になったときに、一人ひとりに合った育成方法とか、コミュニケーションの取り方とか、みんな違うんだなというのを実感しました。それを意識して対応するようになると自然に会社の業績も伸びていきました。売り上げの伸び率が良くなりましたし、離職率が少なくなりました。一見、遠回りのように見えて、実はこの姿勢でドライバーを育成したほうが結局、効率が良かったということです。

現場で働いているドライバーを、絶対おろそかにしてはいけない。

ドライバーの上に僕がいるんじゃなくて、僕の上にドライバーがいる。この考え方に変えてから本当にうまく回りだしました。要は、僕もドライバーに支えてもらっているということですね。自分が社長だから偉いんだ、みたいな態度を出すようなことは全くしないですし、そもそもちょっと人より早く起業しただけなので別に偉いわけじゃない。「社長」と呼ばれることはむしろ少なくて、あだ名の「おぐさん」で呼ばれたりします（笑）。苗字が小椋なので「おぐさん」です。そういうふうに呼んでくれる人が増えたのはとてもうれしいですね。ドライバー一人ひとりとのコミュニケーションを意識してやってきた結果だと思います。

いろんな社長さんと付き合ってみて、僕のようなスタンスでやっているのはある意味、強みなのではと思います。たとえば、突発的に仕事が増えてしまった日に、休みのドライバーに手伝いを依頼することがあります。このとき、お金うんぬんじゃなく、「おぐさんが困ってるんなら走りますよ」と言ってもらえる喜び。この喜びは、でかい。ドライバーのおかげでピンチを乗り越えているところも多々ありますから、これからも十人十色の違いを大事にしながら、コミュニケーションは絶対おろそかにせず向き合っていきたいと思います。

お客様の笑顔をつくるサービス業

この仕事を続けていて感じるのは、軽貨物運送は運送業というよりサービス業に近いということです。お客様と会うことが多いので、一つひとつの荷物を丁寧にお客様に届けることが基本になってきます。お伺いしたときの挨拶や、お客様とのちょっとしたやりとりとか。地域密着型の商売になりますので、常日頃からコミュニケーションは大事にしています。あとはやっぱりしんどい仕事で大変なことも正直、あります。そんな状況でも笑顔でいられる、笑顔で働ける人がいいですね。小さな荷物を笑顔でお届けして、その先のお客様の笑顔をつくるという意識でやっていきたいので、配達というよりサービス業の側面が大きいです。

令和の時代の主流は実力主義!

ぜひ来てほしいと思っているのが若いドライバーです。今、コロナ禍もあって世の中の働くスタイルがどんどん変化していますよね。昭和の時代なら、いい大学を出て大手の企業に入ったら人生は安泰だったかもしれない。でもこれから令和の主流になるのは実力主義です。その点、軽貨物は運んだ件数に応じて対価がもらえる業界なので、若くても実力さえあればしっかり稼げるし、成功体験ができる。

今19~20歳の人が普通に勤めたとすると、一生懸命働いても初任給で14万円、15万円からのスタートになります。それも何十年と続けて働いてやっと20万~30万円ぐらい。僕も雇われの身のころ、それくらいの給料で、「いや、僕はベテランの人より働いているのになんで給料がこんなに少ないんだ?」と思うことがありました。でもこの仕事なら、ちゃんと働けば最初から30万円くらいもらえます。それ以上稼ぐことも可能です。

もし、先々、10年〜15年後にこんなことがしたい、たとえば飲食の店を持ちたいという夢があったとします。そして、そのために資金を貯めたいという若者にはすごく魅力的な業界だと思います。頑張ればその分だけ稼げる、圧倒的実力社会なので。今の時勢に合った流れのなかに自分たちはいると感じますね。

夢や目標を持って働く人が集まると、パワーになります。特に軽貨物運送に限ったことじゃないですけど、何か別のものを目指している、夢を追いかけている、そのための資金を稼ぎたいとか、そういう目標を持っている人とぜひ一緒に働きたいですね。近頃は人が働ける場所というのがどんどん機械化されています。ＡＩの発達もあるし、システム構築で世界展開するグローバル企業が幅をきかす世の中で、しかし、このラストワンマイルの配送という仕事はやっぱり機械にはできない、人の温かみが残っている部分だと思うんですよね。ＡＩには到底代わりは務まらないし、仕事がなくなることもない。だから僕は、夢を持って飛び込む価値があると確信しています。

今後この業界がもっと若いドライバーに気に入ってもらえるよう、新しいこともしていきたいと思っています。夢ある若者に関しては「ぜひ一緒に軽貨物をやりましょう！」と伝えたいですね。若い力と共に、この業界をどんどん盛り上げていきたいです。

次世代育成で業界を活気づけたい

最近、宅配などを中心に取り扱う荷物が増えており、こういった状況も周囲の社長さんにご協力いただいて対応しています。お互い常にコンタクトをとって、「来週から車3台は確保できます」とか、「この日は5人ドライバーが空いているので、何かあれば対応できます」といったことを共有して運営しています。たとえばドライバーが5人必要なときに、自社では2人しか出せないけれど周りの3社の社長さんが1人ずつ出してくれるなら、5台で仕事を受けられますよね。それで随時、助け合って、その間にも自社ドライバーの育成をして拡充をはかることが可能なわけです。

こういった横のつながりで、自社だけではカバーできない部分も取りこぼすことなく、成長につなげることができています。今後はさらに地域に密着し、宅配倉庫を持って荷物の保管から配送まで一貫して受けられるような3ＰＬの流れを作っていきたいですね。そういう展開のためにも、助け合う信頼関係は今いちばん大事にしていることのひとつです。

もうひとつやりたいこととして、若いドライバーに向けた起業支援みたいなものができないかと考えています。人材の育成というより、社長になってもらうようにサポートすること。自分がいろんな方に育ててもらったので、その恩を若いドライバーを育てることで返したいと思っています。僕が愛商物流の阿部さんに教えてもらったようなことを、若い人たちに教えていくことができればいいなと。拙いながらも成功の道筋とか、体験談とか、伝えたいですね。

これはただの恩返しじゃなくて、業界が発展するためのカギにもなると思うんです。新しくできた会社が仲間、グループになれば、横のつながりがさらに大きくなります。そういうつながりが、また周りのみんなの仕事の幅を広げていく。こういう助け合いのなかで業界全体の仕事がさらに活気づくことを目指したいですし、うちとしても年商10億30億と広げていきたいと考えています。

企業 DATA

社　名：株式会社 RAGAZZI

代表者：小椋　勇輝

設　立：2015年 9 月 1 日　個人事業主として RAGAZZI 開業

2018年 4 月19日　業務拡大に伴い
株式会社 RAGAZZI に変更

所在地：〒660-0892
兵庫県尼崎市東難波町 5 丁目12-2
OPS 2 号室

連絡先：TEL 06-6482-7520　FAX 06-6482-7521

ホームページ：https://ragazzi.co.jp/

あとがき

愛商の阿部観代表とは私がＳＢＳを上場する前（20年前）から軽貨物の配送をお願いしていたパートナー会社として取引をしておりました。10年くらいしてから会うことになり、共通の物流を通じて話す機会が増えてきました。私自身も起業した時「関東即配」という一都三県即日配達の軽貨物運送事業からスタートしていることもあり、軽貨物を事業としている阿部代表とは弟分のように付き合っており、気軽に「阿部ちゃん」と呼んでいます。

現在のＳＢＳは売上高４０００億円に手が届く勢い、従業員も１８０００人という物流業界ＴＯＰ10に入るまでの成長を遂げており、１兆円は物流業界トップティアを目指し日々邁進しております。

その中でラストワンマイルと言われる個人への配送も行っており、全国の軽貨物運送会社（３０００人以上のドライバー）に業務委託しています。本書『軽貨物運送で成功した10人の社長たち　パート3』の中の社長たちのほとんどがＳＢＳの仕事を請け負っていることから、このたび「あとがき」を書くことを快く引き受けました。

今後の社会において「物流会社」はなくてはならない存在になり、「社会インフラ」として社会に必要不可欠な事業になってきました。

小売業の市場規模は約１５０兆円と言われており、そのうちの約９兆円がＥＣに換わり、コロナの影響からも更に加速していくことでしょう。

「物流クライシス」「物流危機」といったことで注目を浴びていますが、インターネット通販が増えたことで世の中の商流が大きく変化しました。小売店など店舗で販売する従来の形がネット通販でモノを買う時代になり、当然モノは届けなくてはならない。そこで今まで以上の「宅配便」需要が急激に増加した結果、物量が一定量を超え、人手不足も重なり荷物が届かないということで「物流クライシス」が起きています。

世の中の企業、個人（メルカリ・ヤフオクなど）でのモノの売り方、買い方、消費の流れが急激に変わり、それに対応することが物流業界の課題となっています。

そして物流業界では自動運転やロボティクスといった新技術が急ピッチで進んでいます。物流センターや倉庫内ではわずかな人員でＡＩロボなどが効率よくピッキング、仕分作業から入出庫発送業務、その他すべての管理を行えるようになってきました。運送に関しても近い将来、トラックの自動運転も可能になるでしょう。ただし、荷物の集配や積み卸しを自動化するのは困難です。宅配を中心としたラストワンマイルの領域ではまだまだマンパワーが必要になると考えています。

これからＥＣ化率の上昇で宅配貨物が急激に増えることが予測されます。しかしながら自動化できる領域も限られるとなると、「ヒト」を集めることが物流事業者の今後を大きく左右することになるでしょう。「阿部ちゃん」のグループ会社では毎年新規で10社以上増え、各会社に所属するドライバーが年間50人前後増えていると聞いています。これはつまり既存・新規の会社で年間３０００～４０００人増えることになります。もちろん辞めていく人もいるとしても、かなりの「ヒト」を確保できます。この「ヒト」をいかに超一流ドライバーに仕上げていくかで、今後の軽貨物運送事業者の将来が左右されます。

軽貨物運送会社に必要なものは、超一流の「ヒト」と、どんな人にもマッチングできる「案件数」を確保することになっていくでしょう。「阿部ちゃん」が手掛ける独立開業を支援するビジネスモデルのロジックで、優秀な「社長たち」をどんどん創出し、他が真似できない軽貨物運送ビジネスで今後も発展することを願っています。そしてＳＢＳグループも優秀な軽貨物運送会社を必要としています。現在、「阿部ちゃん」グループには新車の軽車両、燃料なども廉価で提供しており、今後もできる限りの支援はしていきます。

今回、『軽貨物運送で成功した10人の社長たち』に登場した、これからの社長たちには世のため、ヒトのために、貢献してくれることを願っています。会社を続けていくことがなにより大切なことです。

ＳＢＳホールディングス株式会社　代表取締役社長　鎌田正彦

著者紹介

阿部 観（あべ みつる）

1971 年　愛知県名古屋市生まれ。
　　　　学生時代は多くのプロ野球選手を輩出した愛工大名電高・野球部に所属。

1999 年　東京都町田市にて軽貨物運送事業で愛商物流株式会社（現東京都港区）を設立。
　　　　東京都、神奈川県、埼玉県に営業所を展開し軽貨物運送から倉庫保管まで
　　　　物流全般を手掛ける。

2009 年　一般社団法人愛商塾設立（軽貨物・独立起業支援事業）代表理事に就任。
　　　　軽貨物運送で独立起業した 50 名以上が年商 2 億円突破！

2013 年　一般社団法人軽四貨物総研　設立。

著　書　「10 年後も稼げるホンモノの仕事」ブランポート出版
　　　　「今日から稼ぐ軽トラ起業」ぱる出版
　　　　「軽貨物運送で成功した 10 人の社長たち」学研マーケティング
　　　　「軽貨物運送で成功した 10 人の社長たち Part2」学研プラス
　　　　「最強の人材育成メソット」総合法令出版
　　　　「日本の軽貨物運送 優良企業 30 社」学研プラス

軽貨物運送で成功した10人の社長たち　Part 3

2020年9月28日　第1刷発行

著　者　阿部　　観
発行人　後尾　和男
発行所　株式会社玄文社
【本　社】〒108－0074　東京都港区高輪4－8－11－306
【事業所】〒162－0811　東京都新宿区水道町2－15　新灯ビル
TEL　03－6867－0202　FAX　03－3260－9265
http://www.genbun-sha.co.jp
e-mail：genbun@netlaputa.ne.jp

編　集　株式会社オフィス福永
印刷所　新灯印刷株式会社